마케팅컨설팅 사례를 통한 창업 기술

성공 창업 알고리즘

성공 창업의 비법은 어디에 있는가?

'모든 행복한 가정들은 서로 닮았고, 불행한 가정은 불행한 이유가 제각기 다르다.' 그 유명한 톨스토이의 소설 '안나 카레니나'의 첫 문장입니다.

지금까지 경영컨설팅 현장에서 느낀 저자의 경험을 바탕으로 이 말을 비즈니스에 적용한다면, '성공한 비즈니스는 서로 닮았고 실패한 비즈니스에는 실패한 이유가 제각기 다르다.'로 정리할 수 있을 것 같다는 생각입니다. 그래서 창업 성공의 방법들을 정리한 것이 바로 '성공 창업 알고리즘'입니다.

'사업'이라는 길을 걷는 것은 안갯속에서 길을 찾는 것과 비슷합니다. 지금 우리는 한 치 앞도 안 보여 막막하기만 하죠. 하지만 저 멀리 희미하게 보이는 정상을 목표 삼아 눈앞의 한 걸음 한 걸음을 열심히 가다보면 조금 전까지 보이지 않던 새로운 길이 나타나게 됩니다. 그 사이 우리에겐 길에서 만난 멋진 사람들, 그리고 길에서 얻은 많은 것들을 가질 수 있을 겁니다.

지금 앞에 놓인 안갯길을 가다가 보면 어떤 때는 길을 잃기도 합니다. 열심히 정상을 바라보며 가지만, 가다보면 막다른 길이 나오기도 하죠. 이럴 때 사업을 하는 대표분들은 외롭고 힘듭니다. 길을 물어 볼 수 있는 곳을 찾는 것조차 어려운 경우도 많습니다.

이 책은 비즈니스에서 성장의 길로 안내하는 성공의 알고리즘입니다. 우리가 비즈니스를 진행하며 놓친 것들을 다시 한번 일깨워 안갯속 같은 사업의 길, 성장의 길에서 길을 잃은 스타트업, 소상공인, 중소기업 대표분들께 힘을 주고 바른길을 찾게 하는데 도움이 되고자 하는 것이 이 책을 쓰게 된 목적입니다.

2014년에 독립해서 지금까지 10년간 경영컨설턴트로, 스타트업 멘토로, 엔젤투자자로 800여 크고 작은 업체를 만나 왔습니다. 예비창업자에서부터, 스타트업, 자영업, 중소기업에 이르기까지 다양한 사례를 통해 문제를 해결하고 도와드렸습니다. 이 책은 그동안 경험하고 해결해온 문제들, 그리고 정말 성장의 길을 잘 걷고 계신 대표님들과의 만남 속에서 찾은 성공 비즈니스의 공통점과 방법을 알기 쉽고 바로 우리의 사업에 적용할 수 있도록 정리한 것입니다.

이 책을 통해 스스로 부족한 부분을 찾고, 그것에 대해 더 궁금해지고 더 배우고 더 활용하고 싶어진다면 이 책의 목표를 달성했다고 생각합니다. 그런 마음이 든다면 다음 단계로 더 많은 정보를 찾아 보고, 또 관련 네트워크에 참여하고, 액션을 취해 보시길 추천합니다. 여러분이 사업을 하는데 나아갈 방향을 찾고자 하신다면 이 글들은 충분히 그 길의 바른 방향을 알려드릴 것입니다. 그리고 다음 액션을 할 수 있도록 힘을 드릴 것입니다.

이 책은 성공 창업 알고리즘 마인드셋과 성공 창업 알고리즘 액션전략으로 크게 2단계로 이뤄져 있는데 1, 2단계가 단계적으로 진행되었을 때 가장 효과적입니다.

예비창업자분들은 처음부터 단계적으로 읽고 실행하시길 추천합니다. 사업을 시작한 지 1년 이상 되신 경우라면 지금 궁금하고 길을 찾고 싶은 부분부터 먼저 읽어도 충분히 이해하실 수 있도록 사례를 중심으로 정리하였습니다. 추가 파트에는 성공적인 사업을 운영하는데 꼭 필요한 지원사업과 투자유치 팁도 빼놓지 않았습니다.

　바른 도전을 통한 성공과 실패가 배움의 기회이자 미래의 성공을 위한 과정이라고 이 책에서는 제안하고 있습니다. 비즈니스의 성공, 그리고 그것을 통한 자아실현을 목표로 하는 수많은 스타트업, 자영업자, 중소기업 대표분들이 이 책의 각 파트를 읽고 지금 하고 있는 일들을 다시 한번 재정립하고 앞으로의 목표를 설정하여 추진하길 바랍니다. 아무리 좋은 말도 실천하지 않는다면 의미를 잃게 됩니다.

　자, 지금 바로 시작합시다!

세의영컨설팅 경영지도사

안수영

추천사

　7년 전 중소기업과 소상공인 분야의 경영컨설턴트로 활동하던 그가 스타트업 분야로 관심을 확대하고, 우리의 개인투자조합 출자자로도 참여하며 다양한 스타트업 기업을 함께 검토하면서 그의 insight에 깜짝 깜짝 놀라는 일이 다반사였다. 이 책은 그 이후 스타트업 씬에서 계속 열정멘토로서 다양한 분야의 초기 스타트업 파운더를 만나면서 느낀 그의 소회가 잘 담겨 있다. 그 '소회'를 50가지 분야별 레시피 맞춤형 메뉴로 잘 풀어내어 먹기 좋게 만든 것이 이 책의 가장 큰 강점이다.

김진영
스타트업 엑셀러레이터 더인벤션랩 대표이사

　대부분의 직장인은 한 번쯤 창업을 꿈꾼다. 그게 돈이든 자아실현 아니면 또 다른 기회의 실현이든 간에 사람은 늘 현실에 만족하지 못하고 살기 때문이기도 하다. 하지만 새로운 도전을 한다는 것, 그리고 그것에 본인의 생계가 걸려있다면 누군가에게 자문받고 싶은 것도 현실적인 고민이 될 것이다. 그런 의미에서 이 책은 고민하는 모든 문제에 대해 답을 줄 수는 없겠지만, 창업과 관련해서 고민해 볼 수 있는 문제에 대해 해결 방안을 모색할 수 있는 실마리를 제공한다.

박성혁
SK가스 IT전략지원실장, 전 스타트업 액셀러레이터 컴퍼니D 대표이사

창업한 지 6년이라는 시간을 되돌아봤을 때, 늘 좋은 기억만 있는 것은 아니다. 외롭고 힘들다는 생각이 들 때도 있고, 다 내려놓고 싶다는 생각이 들 때도 있었다. 안수영 대표의 오랜 경험에서 나온 50가지 알고리즘은 창업가가 겪을 고통을 지혜롭게 이겨내거나 어려움에 힘들어할 때 심리적으로 든든한 지원군 역할을 해준다. 창업을 도전하는 것 자체가 얼마나 위대한 일인지 잘 알고 있기에 『성공 창업 알고리즘』은 그 위대한 일을 지원해 주는 가치 있는 책이라 생각한다.

최송일
디자인씽킹 와우디랩 대표이사

『성공 창업 알고리즘』에는 안 지도사가 800여 개의 중소기업, 스타트업, 소상공인에게 경영컨설팅을 제공하며 쌓은 풍부한 경험과 노하우가 집약되어 있다. 그의 수준 높은 컨설팅 역량과 성과는 특별법 제정을 통해 기대와 인정을 받고 있는 경영지도사의 역할 증대에 크게 공헌하고 있기에 지도사회에서도 감사의 마음을 가지고 있다.

이 책은 창업을 준비하는 이들뿐만 아니라, 사업 초기 단계에서 여러 어려움을 겪고 있는 이들에게 실질적이고 직접적인 도움을 줄 수 있는 50가지 성장 전략을 제시하고 있어 사업 운영에 큰 힘이 될 것이다.

김오연
한국경영기술지도사회 회장

사회인으로서 창업하고 업으로서 성공하는 것은 모든 이들의 꿈일 것이다. 그러나 우리들의 현실은 단순히 근로자로서 만족하는 수동적 사회인에 머무는 것이 일상화되었다. 우리사회가 지금까지 끊임없이 성장해 온 것은 항상 창업의 욕구를 실현해 온 선대 경영인들의 노력의 결과이다.

안수영 경영컨설턴트는 대학때 내 연구실에서 경제학을 공부했고 일본에서 경영학을 전공한 후 대기업에 근무하면서 얻은 경험과 지혜를 소상공인, 자영업자, 창업을 꿈꾸는 젊은이들과 함께 나누어 왔고 그 내용을 본서로 정리했다. 본서는 급변하는 경제 환경하에서 창의적 젊은이들이 창업에 도전하여 성공하는데 도움이 될 수 있는 저자의 귀한 지침서이다. 창업을 한다고 반드시 성공하는 것은 아니지만 본서를 통해서 창업의 문제들을 우선 인식하고 담대히 꿈을 이루어갈 수 있는 본서의 알고리즘을 통하여 독자들이 성공의 지름길로 인도될 수 있기 고대한다.

김원식
건국대학교 명예교수 겸 미국 Georgia State University 객원교수

안 대표와의 인연은 그가 과장으로 근무할 때부터이다. 해외마케팅을 담당하던 그가 입버릇처럼 말해온 '경영컨설팅'을 위해 대기업을 박차고 나가 독립한 지 10년이 흘렀다. 그간 현장에서 바닥을 누비고 다니며 쌓아온 수많은 컨설팅 성과를 살아있는 성공 알고리즘으로 과감히 공개한다니 정말 반가운 소식이 아닐 수 없다.

그가 했던 가장 인상 깊은 '항상 피봇팅을 염두에 두어야 한다'는 말처럼 이 책이 사업을 하는 분들에게 pivot을 할 때 traveling violation을 싹 없애주는 치트키가 되리라 생각한다.

성웅수
KCC그룹 ㈜KCC 상무

점점 줄어드는 기존 거래처에 '아, 이러다 망할 수 있겠구나'하는 절빅한 심징으로 안 지도사를 찾게 된 이후 추천받은 온라인마케팅으로 불과 몇 개월 만에 매출 성과가 나기 시작하는 놀라운 일을 실제 경험했다. 현재까지 우리가 꾸준하게 발전하고 개선되는 모습을 가질 수 있었던 원동력이 그의 도움이라고 확신한다.

컨설팅 때 받은 내용을 이 책을 통해 볼 수 있게 되어 나와 같이 도태될 수 있는 상황에 놓인 이들이 사업을 살리는 경험을 하길 기대한다.

노정산
하나물류 대표이사

Part 3   사업 성장 MUST HAVE

Part 1

성공 창업
알고리즘 마인드셋

1-1

자영업이냐,
스타트업이냐?

노하우 기반 창업 아이디어 전략

사업, 어떻게 시작해야 하나요?

'대표님께서는 어떻게 자영업을 시작하게 되셨어요?'

'그게, 안정적인 직장이긴 했는데… 일은 괜찮았어요.

근데 상사분이 너무 심하게 하셔서… 제가 더 있다가는 어떻게 될 거 같더라고요. 그래서 이쪽 일을 생각하게 되었죠. 취미로 이 일 하는 거 좋아하기도 해서요.'

자영업을 시작하는 이유는 많다. 하지만 그 이유에는 공통점이 있다. 바로 창업을 해야 하는 이유가 '개인적'인 상황에 의한 경우가 거의 대부분이다.

직장 내 업무 문제, 인간관계, 정년, 구조조정 등 '개인적 사유'(또는 타의적)로 본의 아니게 나와서 하게 되는 경우가 많은데 대개 창업을 할 '준비'가 되어 있지 않다. 이런 경우 마치 새로운 직장을 찾듯이 '창업 아이템'을 찾아 나서는 경향을 보이게 된다. 조건을 비교하고 그중에서 가장 나을 것 같은 것을 고르는 '쇼핑'같이 '창업 아이템'을 선택하게 된다. 그것도 아주 짧은 기간 안에 골라서 시작한다. 실제 창업 준비기간 은 평균 10개월 미만이다(소상공인실태조사 2023년 조사 기준, 평균 9.5개월. 전년 대비 0.3개월 감소 추세).

소상공인 대상의 조사 결과와 스타트업의 결과를 비교해 보면 소상공인의 경우, 창업 동기가 100% 개인적 상황에 의한 선택이었다는 것을 알 수 있다. 이에 비해 스타트업은 약 30% 가깝게(27.3%, 복수 응답 전체 대비) 개인적 요인이 아닌 대외적 요인(사회 공헌, 아이디어 사업화, 경기 전망 유리, 지인 창업 성공 등)에 의한 창업이라고 하는 점에서 차이가 있다. 즉 3명 중 1명은 개인적 요인이 아닌 더 큰 목적을 위한 창업이었다. 개인의 성공을 위한 창업에 같이 뛰어줄 사람이 있을까? 그래서 자영업은 혼자서 하는 고독한 도전이 되기 일쑤이다.

또 하나의 차이는 바로 창업 아이템의 아이디어 원천이 어디에 있느냐이다.

스타트업은 창업자 본인이 갖고 있는 아이디어가 사업화의 원천이 되는 경우가 매우 높다(88.2%). 다음으로 높은 비중을 차지하는 것이 기술이전(6.6%), 아이디어 보유자와 함께 참여(2.6%)하는 것이다. 이에 비해 소상공인의 경우 자체적인 사업 아이디어를 창업 아이템으로 하는 경우가 어느 정도일까?

우리는 지금 하고 있는 사업을 어떻게 선택하게 되었는지 다시 돌아보고 체크해 보아야 한다.

2022년 벤처기업협회와 올워크 조사에 의하면 40대 이상 퇴직자와 예비창업자의 45% 이상이 기술창업을 원했다고 한다. 프랜차이즈 창업 25%, 호프점/커피전문점 5%로 도합 30%보다도 1.5배 높은 수준이다. 기술창업을 희망한 이유가 '경력을 활용할 수 있고 익숙하다(54%)'가 과반수를 넘었다. 이는 스타트업의 창업 아이디어 원천의 거의 대부분이었던 '창업자 본인의 창업 아이디어'와 일맥상통한다.

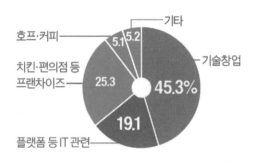

◆벤처기업협회, 올워크. 원하는 창업 형태 조사 결과. 2022.

은행 지점장을 하다 은퇴하신 분이 '치킨'을 10년 운영한 매장보다 더 맛있게 잘 튀기고 또 치킨전문점을 더 잘 운영하는 노하우를 갖고 있다고 할 수 있을지 생각해 보아야 한다. 그것보다는 소상공인이나 중소기업의 재무관리, 금융서비스를 제공하는 것이 경쟁업체와의 차별성을 확보하는 방법일 것이다.

지금 만약, '나만의 창업 아이디어'가 아닌, 프랜차이즈, 외식업을 하고 있다면 먼저 나의 5년 후를 그려보자. 그리고 지금 하는 일에서 무엇을 경험하고, 어떤 목표로 5년 후를 준비할지 정하는 것이 중요하다.

"어제와 똑같이 살면서 다른 미래를 기대하는 것은 정신병 초기 증세이다."

-아인슈타인-

지금까지 우리가 걸어온 경험을 바탕으로 미래를 그리자.

그리고 그 미래를 위해 오늘부터 어떻게 할지를 정하고, 실행에 옮기자. 그렇다면 반드시 지금보다 더 나은 미래가 곧 다가올 것이라고 확신한다.

컨설팅을 하면서 지금 보다 나은 성공으로 가는 과정을 수많이 경험했다. 그 시간은 우리가 생각하는 것만큼 그리 오래 걸리지 않는다.

먼저 자영업자와 소상공인에 대해 정리하고 넘어가자.

자영업자는 스스로를 고용하는 사람, 소상공인은 상시 근로자 5인 미만의 소기업으로 일반적으로 영세 자영업자이다. 즉, 소상공인은 자영업자 범위의 일부이자, 중소기업, 대기업으로 구분할 때의 상대적 개념이다. 여기에서는 내용에 맞게 자영업자와 소상공인을 사용하였다.

핵심 치트키 Check!

- 내가 지금까지 쌓아 온 경험과 지식, 그리고 네트워크를 활용한 사업 아이디어를 정리해 보자.
- 내가 창업을 하고 앞으로 5년간 무엇을 하고, 5년 후에는 그 경험을 바탕으로 어떻게 다음을 준비할지 생각해 보자.

종합예술로써의 사업 운영

자영업을 하는데 이것저것 챙기느라 정신이 없어요?

자영업, 스타트업, 중소기업 사장 중에 가장 바쁜 사람은 누구일까요? 1억 매출하는 사장과 100억 매출하는 사장 중에 더 바쁜 사람은 누구일까요?

이 질문에 대해 800여 업체의 대표분들을 컨설팅하면서 얻은 결론은 규모와 매출에 상관없이, 사장님들은 모두 바쁘다는 것이다.

실제 1인 자영업이든, 100명이 넘는 직원이 있는 중소기업 대표든 챙겨야 할 일은 거의 비슷하다. 운영관리, 자재매입, 제품(서비스) 생산, 제품(서비스) 품질관리, 인력관리, 납품, 홍보, 고객관리, 세무관리 등등. 자영업자라고 해서 어느 것은 하지 않아도 되는 것은 없다.

하지만, 자영업 대표분 중에는 어느 일부분에 집중하는 경우가 있다. 예를 들어 음식점 대표분은 '맛'에만 집중하는 경향이 매우 높다. 이는 100억 매출하는 업체의 대표분이 '품질'에만 집중하는 것과 같다. '품질'에만 집중해서는 100억 원 매출하는 업체가 잘 운영되기 어렵다.

제조업에서 '품질'이라면 '맛'은 음식점에서 무엇보다 중요한 요소이긴 하다.

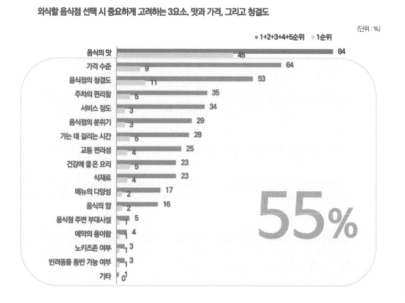

외식할 음식점 선택 시 중요하게 고려하는 3요소, 맛과 가격, 그리고 청결도

(단위 : %)

■ 1+2+3+4+5순위 ■ 1순위

항목	1순위	1+2+3+4+5순위
음식의 맛	45	84
가격 수준	9	64
음식점의 청결도	11	53
주차의 편리함	5	35
서비스 정도	3	34
음식점의 분위기	3	29
가는 데 걸리는 시간		28
교통 편리성	4	25
건강에 좋은 요리	5	23
식재료	4	23
메뉴의 다양성	2	17
음식의 양	2	16
음식점 주변 부대시설		5
예약의 용이함		4
노키즈존 여부	1	3
반려동물 동반 가능 여부	1	3
기타	0	1

55%

프랜차이즈 업체에서 고객의 매장 선택 기준 중 음식 맛이 차지하는 비중을 조사한 결과는 30% 수준이었다고 한다. 위의 조사에서도 음식 맛을 1순위로 한 것은 45%, 즉 50% 미만이다(한국리서치 정기조사 여론 속의 여론). 하지만 많은 음식점 대표분에게 음식점을 찾는 고객의 선정 기준을 여쭤보면 거의 대부분은 80% 이상이라고 이야기한다. 고객이 얘기하는 것과 다르게 대표분들이 이렇게 생각하는 이유는 바로 고객의 입장과 사업자의 견해 차이가 있기 때문이다. 음식 맛의 전문가이자 많은 정보를 갖고 있는 사업자의 입장에서는 주변의 음식점과의 차이를, 특히 음식 맛의 차이를 정확히 알고 있다(정보 高).

이에 비해 음식 맛의 전문가가 아닌 대다수 일반고객의 경우 일정 수준 이상의 맛은 다 맛있는 것으로 인식한다. 그리고 주변 음식점에 대한 정보가 상대적으로 적기 때문에(정보 低) 확인 가능한 온라인 검색 등 다양한 방법을 통해 단편적인 정보를 취합하고, 서비스, 접근성, 주차 가능 여부, 음식점 분위기 등 객관적으로 파악 가능한 정보들을 함께 파악한다. 또한 이러한 요소는 실제 고객이 음식점에서 만족을 느끼게 되는 다양한 변수로 작용하게 된다.

따라서 우리는 정보를 다 갖고 있는 대표로서의 입장이 아닌, 정보가 충분하지 않은, 그리고 음식 맛이 아닌 '즐거운 식사 순간'이라고 하는 고객이 음식점을 찾는 목표에 맞는 솔루션을 제공하도록 노력해야 한다.

그래서 사업은 '종합예술'이다.

'홍보'도 시간 날 때 하는 것이 아니라, 전체 사업 활동의 일부분으로 반드시 시간을 만들어 놓아야 하는 것이다. '세금관리'도 마찬가지이다, 귀찮은 일이 아니라, 우리가 앞으로도 정상적으로 사업을 운영하는데 있어서 반드시 알아야 하는 정보이자, 관리해야 하는 대상인 것이다.

물론 100억 매출하는 중소기업 대표와 1억 매출하는 자영업자가 하는 일에 차이는 있다. 바로 '인력관리'이다. 1억 매출 자영업자는 스스로 거의 모든 일을 해야 한다. 이에 비해 100억 중소기업 대표는 직원들이 대표가 해야 할 일들을 대신 해준다. 다만, 대표는 그들 직원들의 업무를 관리하고 지시하는 일이 자영업자에 비해 높은 비중을 차지하는 것이다.

　이제 시작하는 스타트업, 자영업자라고 해서 일이 단순한 것이 아니다. 그리고, 운영관리, 자재매입, 제품 생산, 제품 품질관리, 인력관리, 납품, 홍보, 고객관리, 세무관리와 같은 사업 운영에 필요한 정보들을 하나씩 배우고 챙겨나가야 한다.

　우리가 하는 사업은 1, 2년 하다 말 것이 아니다. 앞으로 5년, 10년 이상 해야 할 소중한 일이다. 다시 직장에 들어가지 않는 한, 지금 우리가 배우고 익히는 사업의 다양한 부분들은 앞으로 어떤 사업을 하더라도 동일하게 활용될 수 있다.

핵심 치트키 Check!

- 사업은 종합예술이다. 자영업자, 스타트업 대표도 품질뿐만 아니라 서비스, 마케팅, 세금관리, 직원관리 등 모든 분야에 대해 기본적 지식을 쌓고 실제 운영관리하여야 한다.
- 창업을 하고 배우고 활용하는 모든 관리분야를 앞으로 기업이 성장해서도 소중하게 활용할 수 있는 운영기법이다. 지금부터 하나씩 챙겨나가자.

확대 재생산 가능한 사업 솔루션

03 우리도 투자나 대출을 받을 수 있을까요?

'컨설턴트님, 저희도 스타트업이라고 생각합니다. 자금이 부족한데 투자받을 길이 없을까요?'

'대표님, 스타트업이라고 생각하시는 이유가 무엇인지요?'

스타트업이길 희망하는 소상공인분들을 뵙는 경우가 종종 있다. 하지만 왜 스타트업인지에 대해 명확하게 설명하는 분은 거의 없었다. 소상공인 같은 스타트업, 그리고 스타트업 같은 소상공인을 컨설팅에서 마주하게 되면서 이 둘의 차이가 사업 성공에 있어서 중요한 포인트임을 알게 되었다.

세부적으로 나눈다면 3가지 요소에서 이 둘의 차이가 있다.
① 고객 니즈 중심의 차별화된 솔루션.
② 검증된 솔루션의 변동비 최소화를 통한 확대 재생산.
③ 기존 성과(확보고객, 데이터 등)를 기반으로 한 시장 확장성.

이들 요소 중에서 소상공인과 스타트업을 가장 크게 나누는 것은

'솔루션의 확대 재생산'이라고 할 수 있다. 즉, 현재 과정에서 확보한 시장진입이 가능한 솔루션을 낮은 변동비로 확대 재생산이 가능한지 여부이다. 이것이 가능하다면 '스타트업'이다. 초기 고정비는 과하게 지출된다고 하더라도 한번 '셋팅된' 고도화된 솔루션이 추가 비용을 최소화하면서 동일 이상 수준의 결과를 고객에게 제공할 수 있는 비즈니스모델이라면 충분히 J커브를 그리며 성장하는 스타트업의 모습이다.

예를 들어 치킨전문점이 치킨을 판매하기 위해서는 매장 확보와 더불어 치킨과 같은 원재료비, 인건비, 마케팅비, 배달비까지 매출의 50% 이상 변동비가 발생하게 된다. 물론 요즘은 공유주방과 같이 초기 투자 비용을 줄이는 방법도 생겨나고 있지만, 이는 변동비가 아닌 고정비를 줄이는 것으로 변동비에 영향은 적다. 결국 치킨전문점은 초기 고정비 투자보다 더 큰 변동비로 인해 성장에 한계가 있게 된다. 집 앞에 있는 김밥 맛집이 스타트업이 되지 못하는 것도 동일하게 변동비 같은 인건비 때문이다.

스타트업은 어떨까? 컨설팅에서 만난 사례를 소개해 보자. 이 업체는 주얼리의 온오프라인 판매솔루션을 가진 스타트업이다. 온라인의 차별화된 자체 기술력과 비즈니스모델도 갖고 있어 상당히 매력적인 업체이다. 실제 오프라인에서도 고객의 반응이 상당히 높았고, 주요 쇼핑몰에서 입점 요청이 있을 정도로 인지도를 확보하고 있는 상태로 수익성이 좋았다. 하지만 여기에 한 가지 부족한 부분이 있었다. 바로 그 '온라인의 차별화된 서비스'에 대한 고객의 이용률이 낮다는 점이다. 오프라인에서의 선전은 긍정적이었지만, 유사 서비스의 등장 가능성이 있었다. 이들과의 격차를 확보하는 것은 바로 온라인에서의 기술적 차별성이었다. 하지만 이 온라인 솔루션에 대한 고객의 반응이 낮다는 것은 초기 고정비 이상의 변동비적 투자를 최소화하면서 성장하는 데 한계가 있다는 것을 의미한다. 이 업체에 있어서 현재의 매출과 수익은 그다지 중요한 것이 아니었다. 지속적 성장을 확보할 수 있는 온라인 솔루션의 고도화로 고객의 반응을 높여 서비스를 '확대 재생산' 가능한 구조로 만드는 것이 이 스타트업의 숙제였다. 이 숙제를 풀기 위해 지금도 열정적으로 도전하며 성장의 그림을 실행하고 있다. 조만간 멋진 뉴스가 있기를 기대하고 또 응원한다.

'쿠팡은요?' 이제야 흑자로 전환했다는 쿠팡 역시도 지금까지 수조 원의 투자가 이뤄져 오면서 추구하고 있는 방향 역시 위의 조건과 동일하다.

① 고객 중심의 솔루션: 로켓배송을 기반으로 한 신속하고 저렴한 온라인쇼핑
② 솔루션의 확대 재생산: 2,000만 명 쿠팡 고객 대상으로 일반상품 외 신선식품, 여행상품 등 상품서비스군 확장
③ 기존 성과를 기반으로 한 시장 확장성: 초기 이커머스로 확보한 고객 대상으로 쿠팡이츠, 쿠팡플레이, 쿠팡풀필먼트 등 빅테크 시장으로 확장

단, 쿠팡의 경우, 솔루션의 핵심요소인 로켓배송, 풀필먼트에 대한 초기 투자 및 고객과 판매량 증가에 따른 배송 물류 추가투자가 타 유니콘 스타트업(네이버, 카카오 등) 대비 높다는 것이 최근까지 수익 전환

이 어려웠던 이유 중의 하나이다.

그렇다면 우리의 사업을 위의 스타트업 조건에 비교해 볼 필요가 있다.

우리의 비즈니스는 낮은 변동비로 서비스를 '확대 재생산'할 수 있는 구조인가? 아니면, 현재의 비즈니스에서 어떤 부분을 더 집중해야 '확대 재생산' 가능한 시스템이 될 수 있을까?

치킨전문점을 운영하고 있다면 어떻게 할 수 있을까? 지금의 치킨전문점 운영에서 우리가 수익 외에 무엇을 얻을지가 중요하다. 치킨전문점 운영 노하우를 축적해서 프랜차이즈 시스템을 스스로 구축하는 것도 하나의 방법이 될 수 있다. 자체브랜드(Private Label: PL)를 만들어서 대리점을 모집한다면 이는 확대 재생산 가능한 하나의 스타트업 시스템이라고 할 수 있을 것이다.

핵심 치트키 Check!

- 성장 가능한 사업을 위해서는 지금 하고 있는 아이템이 '솔루션의 확대 재생산' 되어야 한다.
- 지금 운영하는 사업에서 수익뿐만 아니라 어떤 '확대 재생산'이 가능한 '솔루션'을 검증하고 있는지 확인해 보자.
- 지금부터 '확대 재생산'을 마인드셋하고 우리의 비즈니스를 바꿔보자!

어떻게 해야 투자를 받을 수 있는 구조로 바꿀 수 있나요?

'대표님, 지금의 사업 형태로는 투자를 유치하기 어렵다고 판단됩니다.'

'그럼, 컨설턴트님, 저희 사업을 투자받을 수 있는 형태로 바꾸려면 어떻게 해야 하나요?'

성공 알고리즘 03. 저희도 스타트업인데 투자받을 수 있을까요? 에서 성장성을 가가져야만이 투자를 받을 수 있다고 한 바 있다. 투자를 받는 이유는 비즈니스 성장을 위한 추가 비용을 확보하기 위함이다. 이를 통해 사업은 성장하게 되고, 또한 기업의 가치는 증가한다. 그리고 투자자 입장에서는 그 증가된 기업가치를 통해 투자수익 확보(엑싯)를 할 수 있게 된다. 이것이 투자의 구조이다.

투자를 받으려면 먼저 우리가 왜 투자를 받아야 하는지에 대해 다시 점검해야 한다. 지금 운영자금이 없어서? 아니면 새로운 설비 구입이 필요해서? 투자를 받아서 사용할 데가 '성장'을 위한 부분인지, 아니면

'현상 유지'를 위한 것인지에 대한 확인이 필요하다.

만약 '현상 유지'를 위한 것이라면 투자로 진행하는 것은 불가능에 가까운 일이다. 필자 역시도 엔젤투자를 하고 있지만 '내 돈'을 투자하는 입장이 되면 가장 중요한 것은 '투자비 회수' 가능성이 된다. '현상 유지'로는 투자비 회수가 어렵게 된다. 따라서 '현상 유지'를 위한 비용은 안타깝게도 '대출'이 최선의 선택이다.

투자유치가 목표라면 투자자에 대한 이해가 우선이다.

투자자에게 있어 중요한 포인트는 손익분기점과 성장 가능성, 이 두 가지라고 할 수 있다.

특히 요즘과 같이 고금리로 인한 투자시장이 경색된 경우에는 특히 손익분기점 달성 시점에 대한 지표 달성 여부가 더욱 강조되고 있다. 그럼, 성장성을 가진 소상공인은 어떻게 될 수 있을까? 여기에 '기업가형 소상공인'의 개념을 생각해 볼 필요가 있다.

기업가형 소상공인이란, '기업으로 성장하기 위해 기업가 정신 또는 장인 정신 기반의 새로운 가치를 창출하고 혁신하는 소상공인[1]'이다.

기업가형 소상공인 요건을 정리하자면
① 비즈니스가 기존과 다른 새로운 시도인지 여부.
② 개인이 아닌, 2명 이상의 네트워크 기반인지 여부.
③ 투자를 통한 성장인지 여부(단, 낮은 위험성, 낮은 수익 회수).

---

1) 정은애, 정책연구 기업가형 소상공인 활성화 방안 연구. 중소벤처기업연구원. 2022.

위의 3가지 요소 중 3번째가 스타트업과 다른 부분이라고 할 수 있다. 스타트업의 경우, 좀 더 높은 위험성을 감수하는 투자가 전제조건이다. 엔젤투자의 경우, 최소 현재 기업가치에서 5배 이상의 성장 가능성을 전제로 투자를 추진하게 된다.

최근에 투자를 유치한 닭꼬치전문점 브랜드의 예를 보자.

청춘닭꼬치 브랜드를 운영하는 청춘에프앤비는 도매유통 플랫폼 '꼬치마켓'을 통해 닭꼬치매장을 운영하는 소상공인에게 식자재를 공급하는 스타트업이다. 또한 자회사 비에스푸드테크를 통해 닭꼬치 개발, 생산, 유통 전 과정에서 시스템을 구축하고 닭꼬치 사업을 진행하고 있는 업체이다.

◆청춘닭꼬치(청춘에프앤비) 네이버지도 및 투자유치 뉴스(머니투데이, 2023.11.09.)

청춘에프앤비에 투자를 진행한 씨엔티테크 전화성 대표는 유튜브에

서 청춘에프앤비에 대해

첫째, 기존 외식 브랜드와 달리 자체 이커머스 플랫폼을 통해 식자재 유통을 진행하면서 온오프라인 사업의 시너지를 극대화하고 있다(단순 매장 운영이 아닌, 확장 가능한 비즈니스모델 추진).

둘째, 자회사 비에스푸드테크를 통해 닭꼬치 제품의 연구개발과 생산도 진행한다(차별화 강화를 위한 사업 추진).

셋째, 이번 투자를 통해 청춘에프앤비의 사업확장과 해외진출 등을 지원할 것(투자를 통한 성장 추진)이라고 했다.

얼핏 보면 식음료 프랜차이즈 본사의 형태와 유사한 구조를 갖고 있다고 생각할 수 있다. 하지만, 10년 동안 닭꼬치만 연구한 대표, AI를 활용한 공장자동화, 식자재 발주량 자동 산출 등을 추진하는 이 업체는 지금의 매출 유지가 아닌, 닭꼬치 매장의 성공모델을 확장시켜 나갈 수 있는 매장 운영 외 시스템 차별화를 확대시키는 것에 중점을 두고 있음을 알 수 있다. 이것이 바로 투자받는 기업의 모습이다.

핵심 치트키 Check!

- 투자자가 투자하는 비즈니스는 손익분기점 돌파와 성장 가능성이 가장 중요한 포인트이다.
- 우리가 투자받고자 하는 자금을 어디에 쓸 것인지 정리해 보자.
- 그리고 그 사용처가 투자자의 투자 포인트 2가지에 부합하는지 점검해 보자.
- 우리의 비즈니스를 투자자 포인트에 맞는지 확인하고 투자유치 시 어떻게 이 포인트를 강화시켜 나갈지 생각해 보자.

명확한 성장 목표설정

05 스타트업 기업으로 성장하려면 어떻게 바꿔야 할까요?

'컨설턴트님, 우리가 지금 이렇게 매장을 운영하고 있는데 정말 스타트업 기업으로 성장하려면 먼저 어떻게 바꿔야 할까요?'

'대표님께서는 왜 스타트업 기업이 되고 싶으세요?'

'지금보다 더 성장하고 싶어서요. 사업도 키우고, 돈도 많이 벌고…'

돈 많이 버는 방법으로 스타트업을 추천하기는 어려운 일이다. 투자를 받는다 하더라도 그게 대표 주머니로 들어가는 것이 아니라 다음 성장을 위한 밑거름으로 써야 하는 거니 즉각적으로 돈 벌기는 힘들다. 물론 잘 진행된다면 기업가치가 올라가서 보유지분이 가장 많은 대표가 부자가 될 수는 있다. 그렇다면 '돈 많이 버는' 자영업이 되기 위해서는 무엇을 해야 할까?

'돈 많이 버는' 자영업이라 할 수 있는 '강한 소상공인'[2]의 특징은 ①

---

2) 중소벤처기업연구원 정의 기준을 참조

기업가정신, 장인정신으로 무장한 마인드셋으로 ② 지역경제를 주도하는 작지만 강한 기업이며 ③ 제품, 상품, 생산과정, 방법, 장소성, 지역성, 콘텐츠, 새로운가치, 네트워크, 커뮤니티, 펀딩, 투자 등의 차별성을 가졌다.

이러한 요소들을 갖춘 '강한 소상공인'의 실제 모습은 어떨까?

일본의 지방 중소도시인 나가사키시에서 2013년, 25살에 창업해서 창업 10년 만에 연간매출 308억 엔(2,800억 원 내외)을 달성한 PINCH HITTER JAPAN 요시오카 타쿠야 대표. 그가 쓴 저서 『25살에 시작한 나가사키 벤처기업을 세계가 주목하게 된 이유』를 보게 되면 나가사키시에서 조그마한 광고대행업으로 시작한 후 자영업 매장 대상으로 LED 전기 교체 대리점 일을 하게 된다. 그러던 과정에서 운동용품점을 영업차 들렀다가 재고로 쌓인 야구글러브를 보고 사업가능성을 느껴 바로 매입해서 온라인에 판매하는 일로 '재고상품 온라인판매'를 시작한다. 이후 글러브 재고상품 판매가 잘되자 사업영역을 확장하여 브랜드 의류 같은 취급 규모가 큰 상품의 재고상품을 대량으로 직매입해 온라인과 대리점을 통해 판매하며 지금의 사업 규모로 이르게 되었다고 한다.

PINCH HITTER JAPAN 홈페이지에는 다양한 상품의 재고 매입 광고가 올라와 있다.

이렇게 큰 규모의 사업으로 성장하는 과정에서 요시오카 대표는 단한 번도 투자받은 적이 없다. 그렇다면 어떻게 사업을 성장시킬 수 있었을까? 투자처의 자본이 들어와서 의사결정권이 나눠지는 것을 싫어한 대표는 지분 100%를 유지하기 위해 초기에 시작하여 자리 잡은 사업(예를 들어 '야구글러브 재고 판매 온라인 사이트')을 높은 기업가치에 매각하면서 자금을 확보하고, 이를 신규사업('의류 재고 판매' 등)에 투자하는 방법을 활용했다. 지역의 작은 광고대행업을 하던 젊은 그에게 있어 매장을 돌며 대면 영업하는 것은 광고를 따내기 위한 일이기도 했지만, 현장에서 매장 사장님들이 어떤 어려움을 겪고 있는지, 그리고 거기에서 어떤 부분을 사업으로 했을 때 가치가 생길 수 있는지 알 수 있는 기회이기도 했다.

우리의 일은 지금 하고 있는 것이 다가 아니다. 지금, 그리고 미래를 위해 계속 '길'을 찾아 나가는 것, 그것이 바로 우리의 '일'이다. 지금 하는 일이 미래로 연결되도록 해야 하는 것이다.

요시오카 대표와 같이 우리의 일을 성장하는 '기업가형 소상공인'으로 하려면 어떻게 해야 할까?

① 3, 5년 후 자신과 매장의 모습을 상상하라.
② 주변과 온라인에 롤모델이 되는 대표자, 매장, 브랜드를 정하라.
③ 지금의 사업을 성장시킬 수 있는 다양한 네트워크를 연결하자.

'강한 소상공인'이 되어 돈을 많이 벌면서 사업하는 방법은,
지금 하고 있는 일에서 가능성을 찾고, 롤모델을 찾아 그들의 모습을 벤치마킹하고, 다양한 사업 가능성을 확장시켜 줄 네트워크를 지금 하고 있는 오프라인 장소와 온라인에서 구축하고 소통하고 트라이하는 것이다.

기업가형 소상공인으로 성장하기 위한 방법
· 3, 5년 후 자신과 매장의 모습을 상상하라.
· 주변과 온라인에 롤모델이 되는 대표자, 매장, 브랜드를 정하라.
· 지금의 사업을 성장시킬 수 있는 다양한 네트워크를 연결하고 사업 운영하라.

사업 문제를 해결하는 Key : 피봇(Pivot)

06 꽉 막힌 상황을 해결할 방법이 없을까요?

'대표님, 지금 이쪽 상권과 기존 고객 반응을 봤을 때는 이 시장에서 더 매출을 확대하는 것은 어려울 것으로 판단되네요. 지금 하고 있는 아이템에 추가적으로 이런 서비스를 적용하면 기존 고객분들이 반응할 것으로 판단됩니다.'

'좋은 생각입니다. 그런데 과연 고객분들이 어느 정도 반응하실까요? 추가로 기계도 사야 하고, 부담되겠네요.'

우리가 현재의 상황을 타개하기 위해 먼저 생각하는 것은 '홍보', '마케팅'이다. 이것이 상대적으로 설비 투자에 비해 비용이 적게 든다고 생각해서이다. 또한 현재 하고 있는 사업 아이템에 대한 '자신감'도 작용한다. 하지만 이러한 방법은 '마른행주에 물 짜기'와 같다. 이는 고객과 현재 처해 있는 외부 상황에 대한 우리의 개선이 아닌, 현재 상황에서 매출을 늘리기 위한 방법이다. 이 방법으로는 우리의 상황을 바꿀 수 없다. 이렇게 꽉 막힌 상황을 바꿀 수 있는 방법으로써 생각해 볼 수 있는 개념이 바로 '피봇'이다.

피봇(Pivot)이란, 스타트업이 MVP(Minimum Viable Product, 고객 요구사항에 맞춰 최소한의 필수 기능을 구현한 시제품)로 시장(타겟 고객) 반응을 확인하고 계속 제품(또는 서비스)을 수정 보완하며 고도화시켜 나가는 방법을 의미한다. 광의적 의미로는 제품 고도화를 넘어서 비즈니스모델, 사업 아이템까지 포함하여 시장 반응에 맞게 사업을 전환하여 좀 더 타겟 고객에게 가깝게 가는 것이다. 즉, 지금 하고 있는 비즈니스가 '정답'이 아니라 하나의 '가설'이라는 전제인 것이다.

이 가설을 MVP를 통해 고객들이 얼마나 좋아하고 사용하는지를 체크하고, 보다 고객의 적극적인 반응을 얻을 수 있도록 기존의 '가설'을 보완하고 개선하는 것이 바로 '피봇'이다.

스타트업의 사업화 프로세스의 대표적인 저서인 에릭 리스의『린 스타트업』을 보게 되면 스타트업 피봇의 유형과 방법을 아래와 같이 10가지로 정리하고 있다.

줌인 전환 (Zoom-In Pivot)	기존 사업의 제품(서비스)의 일부분을 메인 기능으로 하는 방법
줌아웃 전환 (Zoom-Out Pivot)	기존 사업의 제품에 추가 기능을 적용하는 방법
고객군 전환 (Customer-Segmentation Pivot)	기존 고객이 아닌 다른 고객층으로 전환하는 방법
고객 필요 전환 (Customer-Needs Pivot)	고객니즈를 파악, 기존 사업과 다른 새로운 제품을 제공하는 방법
플랫폼 전환 (Platform Pivot)	앱에서 플랫폼으로 전환, 또는 플랫폼에서 앱으로 전환하는 방법

사업구조 전환 (Business Architecture Pivot)	고이윤 소규모시장-저이윤 대규모시장으로 상호 시장 전환하는 방법
가치획득 전환 (Value Capture Pivot)	기업의 수익모델을 개선하는 방법
성장엔진 전환 (Engine of Growth Pivot)	바이럴, 재방문, 유료고객 모델 중 기업의 성 장모델을 바꾸는 방법
채널 전환 (Channel Pivot)	판매채널을 변경하는 방법
기술 전환 (Technology Pivot)	기존의 제품을 개선된 기술로 구현하는 방법

그렇다면 자영업에게 있어 지금의 상황을 더 나은 방향으로 피봇을 하려면 어떻게 해야 할까?

자영업은 원래 고객의 니즈를 확인하고 창업하는 경우가 적다. 대개 내가 갖고 있는 자금과 역량, 트렌드 등을 감안해서 창업하게 된다. 그래서 피봇이 어렵다. 이미 투자할 만큼 투자했기 때문이다. 지금 하고 있는 것이 잘 안된다 하더라도 여기에서 수정하기보다 폐업을 선택하는 경우가 더 많게 된다. 하지만, 자영업을 위의 10가지 유형을 적용한 스타트업으로 생각해 볼 수 있다.

『린 스타트업』의 에릭 니스는 앞서 정리한 10가지 피봇 유형 중 하나인 '고객 필요 전환'의 예로 1971년 미국 시카고에서 골동품가게로 시작한 '폿벨리 샌드위치숍(Potbelly Sandwich Shop)'을 들고 있다. 폿벨리 샌드위치는 골동품 고객에게 제공할 샌드위치를 팔았는데 이것이 대박이 나서 1977년 완전히 샌드위치 가게로 전환하였다. 이후 샌드위치 사업은 확장되어 2013년에는 나스닥 주식시장에 상장되었으며 현재 미국 전국, 유럽 등에 500곳 이상 프랜차이즈점을 운영하는 브랜드로 성장하였다.

　여기에서 염두에 두어야 할 것은 지금 하고 있는 사업, 즉 MVP에 너무 큰 애정을 쏟지 않는 것이다. 우리에게 중요한 것은 이 사업이 아니라, 우리의 고객이 좀 더 나은 제품(서비스)으로 만족할 수 있도록 하는 것이다. 이를 위해 필요한 것은 지금 사업을 계속 피봇해 나가며 고객에게 더 다가가는 것이다.

'It's just a Prototype(MVP)'

　고객에 대한 공감에서 개선점을 찾는 방법인 디자인 씽킹에서는 프로토타입(MVP와 유사한 의미. 초기 테스트 버전)에 너무 많은 애정을 쏟아 붓는 것을 경계한다. 고객테스트를 위해 제작한 프로토타입은 다음의 개선된 프로토타입을 위한 지나가는 단계일 뿐이다. 우리의 사업도 마찬가지이다.

　앞서 제시한 스타트업의 피봇 유형 중 '고객군 전환(기존 고객 외 고객 유입을 위한 세트 구성 등)', '고객 필요 전환(기존 서비스에 추가 서비스 적용 등)', '채널 전환(기존 오프라인 외 온라인 활용 등)', '가치획득 전환(기존 1회성 외 다회성, 구독형 멤버십 등)'과 같은 방법은 충분히 자영업에서도 활용 가능한 방법이다. 자영업도 스타트업 같이 성장할 수 있다.

핵심 치트키 Check!

지금의 불황을 극복하는 열쇠인 '피봇'을 하기 위한 방법
- 우리의 고객은 우리에 대해서 어떤 반응을 보이고 있나?
- 우리 주변의 경쟁매장은 어떻게 하고 있나?
- 우리가 지금 하고 있는 일에 어떤 부분을 더하거나 빼고 집중하는 것이 더 나은 서비스와 제품을 제공하게 하나?

1-2

성공 창업의 알고리즘이란?

판매채널 기반 비즈니스

07 성공할 수 있는 아이템은 없을까요?

'옆 사무실에 있는 사장님은 10년 전에 ○○아이템으로 대박이 나서 수십억을 벌었다고 했는데 그 이후 사업을 한 아이템들은 줄줄이 실패했다고 해요. 지금도 아이템을 찾고 있는데 잘 안되나 봐요.'

지인인 회사 사장님 이야기이다. 우리는 항상 대박 나는 아이템에 대해 꿈꾼다. 그리고, 대박 아이템이 줄줄이 이어지면서 꽃길을 걸었으면 하는 생각에 부푼 마음으로 사업을 시작한다. 하지만 실제 상황은 쉽지 않다. 어떻게 하면 대박 아이템을 우리는 계속 찾을 수 있을까?

우리가 대박 아이템을 찾기 위해서는 그만한 역량이 필요하다. 대박 아이템을 알아볼 수 있는 눈(또는 선정 능력)이 필요하고 대박 아이템을 소싱할 수 있는 능력 또한 갖고 있어야 한다. 하지만 이제 창업하는 우리에게 그러한 능력이 있을 수는 없다.

단, 만약 여러분이 지금까지 경험하고 지식을 쌓아 온 분야라면 별개의 문제이다. 예를 들어 삼성전자의 반도체 사업부에서 반도체 개발을 담당한 사람이 독립해서 최근까지 핫했던 탕후루 전문점을 오픈하는 것과 반도체 관련 소재 개발업체를 창업하는 것은 전혀 다른 문제이다. 혹시 여러분은 어느 쪽을 선택하고 싶은가? 경험과 노하우를 갖고 있는 반도체 쪽? 아니면 잘 모르지만 핫하다는 탕후루 전문점인가?

반도체 지식과 경험을 갖고 있다는 가정을 한다면, 반도체 소재라는 대박 아이템을 볼 수 있는 눈, 그리고 그 아이템을 개발하고 관련 부품과 기계를 소싱하는 능력을 보유하고 있다고 할 수 있을 것이다. 다만, 투자 비용과 사업을 잘 추진하지 못할 리스크가 크다는 것이 결정을 어렵게 한다.

하지만 지금까지 반도체 사업부에서 경력을 쌓은 사람이 탕후루 전문점을 한다면 그간의 노력과 경험을 어떻게 활용할 수 있을까? 식음료 사업에서 경력을 쌓아 온 사람과 비교한다면 시작에서부터 많은 차이를 갖고 스타트한다고 볼 수 있지 않을까?

그리고 아무리 제대로 된 대박 아이템도 우리가 앞에서 얘기한 사업적 노하우와 경험이 없다면 길어야 3년에 대박의 시점은 끝나고 만다는 것이다.

우리가 만약 사업 아이템의 개발기나 도입기에 운 좋게 찾아서 사업화를 할 수 있다면 아마도 성숙기까지의 기간 동안 대박과 같은 고객반응을 얻으면서 성장할 수 있을 것이다. 하지만, 우리가 찾고 있는 아이템은 대체적으로 트렌드에 민감한 제품 또는 서비스일 가능성이 높다. 이들 트렌드에 민감한 제품(서비스)은 프로덕트 라이프 사이클이 보편적으로 3년 미만으로 짧다.

얼마나 고객의 반응을 얻고 있는지 알 수 있는 방법 중 하나인 네이버 데이터랩을 통해 '탕후루'와 '마라탕'의 검색량 추이를 비교해 보자. 2019년 12월부터 2023년 12월까지의 4년간 마라탕의 경우 지속적인 상승세가 2022년 10월을 기점으로 주춤하고 있음을 알 수 있다. 이에 반해 '탕후루'의 경우, 2022년 10월을 전후하여 급속도로 검색량이 상승하였으나 2023년 9월부터 급격하게 감소하고 있음을 알 수 있다.

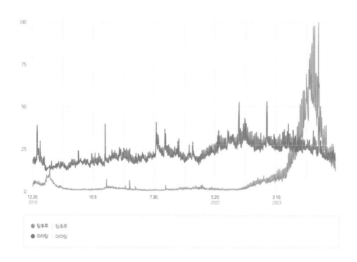

◆ 네이버 데이터랩 '탕후루', '마라탕' 키워드 검색 추이 (2019.12~현재)

탕후루의 경우, 2022년 10월이 도입기, 2023년 4월이 성장기, 2023년 10월이 성숙기를 거쳐 12월에는 쇠퇴기라고 할 수 있을 정도의 약 1년간의 짧은 프로덕트 라이프 사이클의 모습을 보인다고 할 수 있겠다. 물론, 검색량만으로 모든 것을 판단할 수는 없겠지만 적어도 급격하게 성장하던 탕후루 시장이 축소되고 있다는 추세는 분명히 느낄 수 있을 것이다.

만약 우리가 탕후루와 같은 아이템을 도입기에 운 좋게 찾게 되었다고 하더라도 1년 내외의 대박 기간만 즐거울 뿐 이후에는 엑싯전략(출구전략, 투자자금 회수전략)을 생각해야 하는 시점이 곧 다가오게 된다. 이와 비교해서 상대적으로 긴 라이프 사이클을 보이는 마라탕의 경우, 2019년 7월에 검색량이 집중된 후 2020년 3월부터 다시 상승하여 2022년 9월 전후로 상승(최고점 대비 65%), 2023년 12월에는 최고점 대비 35% 수준에 머물고 있다.

전체추가	연관키워드 ⑦ ⇕	월간검색수 ⑦		월평균클릭수 ⑦		월평균클릭률 ⑦		경쟁정도 ⑦ ⇕	월평균노출 광고수 ⑦ ⇕
		PC ⇕	모바일 ⇕	PC ⇕	모바일 ⇕	PC ⇕	모바일 ⇕		
추가	탕후루	16,200	214,400	32.6	1,011.6	0.21 %	0.49 %	높음	15
추가	마라탕	18,700	231,200	37	1,042.6	0.22 %	0.48 %	중간	10

모바일 기준으로 유사한 검색량을 보이고 있는 탕후루와 마라탕. 이 둘의 앞으로의 추세는 지금까지의 모습을 보았을 때 쉽게 상상할 수 있을 것이다. 현재는 비슷할지 모르지만, 추이는 앞으로의 미래를 예측하게 하는 지표다.

그렇다면 우리는 대박 아이템을 찾을 것이 아니라 지금을 기반으로 지속적으로 성장할 수 있는 채널을 만드는 것이 더욱 중요한 것임을 새기자.

핵심 치트키 Check!

- 대박 아이템은 잘해야 3년 미만의 라이프사이클을 갖고 있다.
- 성공하는 비즈니스는 아이템이 아니라 고객, 그리고 판매 채널이다.

PLC 기반 사업 운영

08

이렇게 열심히 일하는데 왜 맨날 제자리인 거죠?

『이상한 나라의 앨리스』 속편인 『거울 나라의 앨리스』에서 앨리스가 붉은 여왕에 이끌려 나와 한참을 달렸는데도 제자리였다. 숨을 헐떡이던 앨리스는 붉은 여왕에게 '왜 계속 이 나무 아래인 거죠? 이렇게 빠르게 달렸는데…'라고 물었다.

이에 붉은 여왕이 말하기를 '여기선 있는 힘껏 달려야 지금 제자리에라도 있을 수 있단다. 다른 곳에 가고 싶다면 지금보다 적어도 두 배는 더 빨리 달려야 해.'라고 말했다.

우리는 열심히 일하고 있다.

실제로 사업 정리 컨설팅을 할 때를 회상해 보면 폐업하는 10개 업체 중에 사장이 사업을 등한시하다 망하게 된 경우는 단 한 곳을 찾기 힘들 정도이다. 모두 열심히 했는데도 그렇게 됐다는 경우가 대부분이다. 그렇다면 도대체 우리는 어느 정도 열심히 해야 하는 걸까?

고3 수험생을 생각해 보면 조금 더 명확해질 수 있다.

놀다가 대입 수능시험을 망치는 고3이 얼마나 될까? 아마 10%도 되지 않을 것이다. 보통은 나름대로 열심히 하는데 성적이 나오지 않는 경우가 대부분이다. 그럼 고3 수험생이 남들보다 더 높은 성적으로 원하는 대학을 가기 위해서는 어떻게 해야 할까? 아마도 남들보다 훨씬 열심히, '나 같으면 아무리 좋은 대학 간다고 하더라도 저렇게는 못 하겠네' 정도여야 할 것이다.

『거울 나라의 앨리스』와 '고3 수험생' 사례는 미국 스탠퍼드대학 교수 윌리엄 바넷, 모튼 헨슨의 "붉은 여왕 효과" 연구로 설명할 수 있다. 생명체들은 모두 진화하며, 각 생명체의 진화 속도의 차이에 따라 적자생존 하게 된다는 것이다. 물론 연세대 심리학과 김영훈 교수가 『노력의 배신』에서 제시하는 것과 같이 성공에는 노력 외에도 타고난 재능, 주어진 사회적 경제적 환경 등 다양한 요소들이 작용한다는 것 또한 사실이다. 하지만 이들 요소에서 우리가 할 수 있는 것은 없다. 단지 주어진 것일 뿐이다.

우리에게 필요한 것은 '부단한 노력'으로 부족한 나머지 요소를 채우면서 앞으로 나아가는 것이다.

예를 들어 커피전문점을 새롭게 오픈한다고 생각해 보자.

처음 3년 동안 자리 잡기 위해서 열심히 밤낮없이 일한다. 덕분에 고객에게서 어느 정도 인정을 받으면서 동네 커피 맛집으로 소문나고 안정적으로 운영된다. 그러면서 3년이 또 흐른다. 갑자기 코로나19, 전 세계 경제위기 같은 이유로 매출이 감소하기 시작한다. '경제가 이러니 어쩔 수 없지…' 이러고 있는 사이 3년이 또 흐른 그다음은 어떻게 될까? 손님이 뚝 떨어지면서 매장을 운영하기 어려운 상황이 시작된다. 어쩌다 이 매장은 이렇게 되었을까?

"10년이면 강산이 변한다"라는 말이 있다. 위의 사례로 소개한 매장은 과연 3+3+3년=9년 동안 얼마나 많이 변하였나?

나는 이것을 '3+3+3 법칙'이라고 말한다.

우리 매장이 아니라 우리 매장을 둘러싼 주변 환경을 생각해 보자. 처음 3년 동안 우리 매장이 자리를 잡았다는 것은 무엇을 의미하는가? 그것은 기존에 있던 커피전문점들 사이에서 우리 매장이 그들의 고객을 획득하면서 시장에서 점유율을 높였다고 볼 수 있다. 그럼, 이전까지는 매출이 상승세였는데 경제위기에 매출이 감소하기 시작한 것은 어떤 이유일까? 그건 주변의 다른 경쟁매장이 우리의 고객을 일부 가져가고 있기 때문이다.

그다음 3년에 적자로 전환된 건 왜일까? 우리 매장이 시장에 자리를 잡고 성장하던 초기 3년과 같이, 다른 경쟁매장들이 우리 매장의 고객을 다수 획득하면서 시장점유를 우리보다 높게 가져간다는 것을 의미한다.

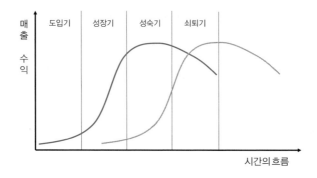

그래프에 있는 왼쪽 붉은색 곡선은 우리 매장을, 오른쪽에 있는 옅은색 곡선은 새롭게 시장에 자리 잡은 경쟁매장을 의미한다. 우리 매장이 쇠퇴기에 접어들 때 경쟁매장은 성장기 후반에 진입한 단계가 된다.

과연 이런 시장 환경 속에서 우리는 어떻게 지속적으로 살아남으면서 매출과 수익을 얻을 수 있을까? 앞에서 얘기한 거울 나라의 앨리스에 붉은 여왕이 얘기한 것과 같이 지금보다 더 많이, 더 빨리, 더 크게 노력해야 한다. 이러한 노력을 위해서 우리는 초기 3년 동안 시장에 진입하기 위해 부단히 노력한 그때의 '초심'을 간직하고, 지금의 안정된 매출과 수익, 그리고 고객이 영원하지 않음을 이해하고 지금까지 매장을 운영하면서 얻은 지식과 경험을 바탕으로 더 효율적으로, 더 혁신적으로 개선해 나가는 것이 바로 해답이다.

핵심 치트키 Check!

사업은 3+3+3 법칙이다. 사업을 계속 성장시키기 위하여
- 초기 3년 동안 시장에 진입하기 위해 부단히 노력한 처음의 '초심'을 유지한다.
- 지금까지 매장을 운영하면서 얻은 지식과 경험을 바탕으로 더 효율적으로, 더 혁신적으로 개선해 나가며 사업을 확장시킨다.

동기부여 목표설정

09

저는 한 500 정도만 벌면 충분해요

'지금 하고 계신 일로 월수익은 얼마가 목표이세요?'

스타트업, 자영업 컨설팅 첫 미팅 때 대표분께 질문하는 항목 중에 빠지지 않고 여쭤보는 것이 '월수익'에 대한 부분이다. 이렇게 질문을 하면 특히 자영업의 경우에는 거의 목표 수준이 정해져 있다.

얼마라고 생각되는가? 1,000만 원? 2,000만 원? …

아니다. 보통은 300만 원. 부부가 운영하면 500~600만 원 정도를 답한다.

"저희는 그렇게 많이 벌지 않아도 돼요. 우리 가족이 안정적으로 살 수 있는 정도 수익이면 충분합니다."

소박한 꿈이라고 할 수 있다. 특히 지금 그 정도의 수익을 얻고 있지 못하며 대출을 늘리고 있는 상황이라면 더더욱 이 수치는 그분들에게 있어 부담되는 한 없이 높은 목표일지도 모른다.

실제 2017년 472.6만 명에서 2021년 656.8만 명으로 39%나 증가한 자영업자의 연평균 소득은 1,952만 원이었다. 이는 2017년 2,170만 원 대비 10% 감소한 수치이자 월평균 소득으로 계산하면 162.7만 원, 즉 아르바이트생 월급보다 낮은 금액으로 월 소득 300만 원이 실질적인 목표라고 할 수도 있겠다.

하지만, 월수익 300만 원을 자영업이 아니라면 어떻게 하면 벌 수 있는 수준일까? 만약 풀타임 아르바이트를 하더라도 지금의 최저임금을 감안하면 200만 원 이상 수익은 얻을 수 있다. 우리의 월수익 목표가 200~300만 원이란 것은 우리가 기존에 직장을 다녔던 그때의 직장인 (또는 아르바이트) 수준 노력을 하는 것을 전제로 한다는 뜻이기도 하다. 다시 말해서 직장인으로 있었을 때의 노력과 집중으로 현재의 사업을 하고 있다고 생각할 수 있다. 과연 직장인 마인드로 사업을 잘 운영할 수 있을까?

저자 역시도 회사 다닐 때는 일요일 저녁이 되면 마음이 무거워지고 월요일 아침에 눈 뜨기 싫을 때가 있었다. 하지만 지금은 아니다. 마치 월·화·수·목·금·월·월(월·화·수·목·금·금·금보다 강도가 높은)을 보내면서도 즐겁게 일을 대한다. 왜 그럴 수 있을까?

적어도 월수익 1000만 원 이상을 목표로 하고, 지금 하는 일이 단순히 돈을 버는 목적이 아닌, 나 자신을 더욱 성장시키는 일이고, 또한 컨설팅을 통해 사업를 운영하는 대표분들의 어려움을 해결한다는 새로운 부가가치를 낳아서 세상이 조금 더 나아지는 데 도움이 되는 일이라고 생각하기 때문이다.

따라서 먼저 우리에겐 그만한 노력의 대가로 적어도 월수익 목표를 충분히 높일 필요가 있다.

사업에 집중하고 우리가 원하는 수준으로 만들기 위해서는

① 낮은 목표는 스스로의 한계를 만든다. 따라서 높은 목표가 우리에게 동기를 부여하게 된다.

② 목표는 단지 돈만이 아니다. 돈은 먹고살 수 있는 정도면 그 이후에는 동기부여가 낮아진다. 따라서 돈 이외의 목표도 함께 설정하자. 어떤 사업을 하고 싶은지, 어떤 가치를 낳을지!

③ 목표를 설정했다면 그 목표를 계속 점검하고 실제 상황과 비교해 보자.

우리가 생각하는 것보다 우리는 더 많은 것을 할 수 있다. 지금의 사업도 하나의 과정이고 혹시 실패한다고 하더라도 우리에게 있어 중요한 경험이 될 것이다. 호기롭게 시작한 기업의 3년 내 폐업 비율이 70%를 넘는 것이 현실이다. 따라서 중요한 건 생존이 아닌 성장이다. 폐업 후 실패 경험을 살려 성공으로 갈 수도 있다.

실제 미국 스타트업 성공까지 실패 횟수가 평균 2.8회인 점을 감안한다면 실패는 어찌 보면 성공으로 가는 당연한 과정일 수 있다. 실패를 부정적으로 생각하는 우리나라의 경우 성공까지의 평균 실패 횟수가 1.3회라고 하는 수치가 긍정적이지만은 않다.

우리에게 중요한 것은 지금이 아니라, 어제보다 좀 더 나아진 오늘, 그리고 미래이다.

📈 **핵심 치트키 Check!**

- 우리의 마음을 뜨겁게 만드는 높은 목표가 있으면 달성하고자 하는 동기가 커진다.
- 벌고 싶은 돈 목표와 함께 어떤 사업을 하고, 이 사업을 통해 어떤 가치를 만들지 목표를 정하자.

성장 가치 기반 목표설정

돈 많이 버는 방법 어디 없나요?

'대표님은 무엇 때문에 사업을 하세요?'

이 질문에 대해 '돈을 많이 벌기 위해서'라는 답변을 하는 경우가 매우 많다. 미국 스타트업에서는 강도 높은 업무량에도 불구하고 죽어라 하는 이유가 40대에 은퇴하고 남은 시간 자유롭게 살고 싶어서라는 이유가 가장 많다고도 한다. 물론, 이러한 마인드는 스타트업의 직장인, 종업원이라면 그럴 수도 있다.

단, 우리가 기업을 대표하는 사장이라면 이야기가 달라진다.

앞서 얘기한 것 같이 돈이 우리가 비즈니스를 하는 데 필요한 동기부여의 100%를 제공해주진 않는다. 적어도 1,000만 원 이상의 수익을 얻게 되면 돈으로 인한 동기부여는 점차 낮아지는 경향을 보이게 된다. 실제 미국 노벨상 수상자를 포함한 연구팀의 연구에 따르면 연봉 10만 달러(한화 1.3억 원 내외) 수준에서 삶의 만족도가 최고조에 다다른다고 한다. 더 많은 소득이 행복도에 미치는 긍정적 영향이 점차 감소하는 '한계효용 체감법칙'이 적용된다는 뜻이다.

그렇다면, 돈 이상으로 우리가 비즈니스를 하는 데 필요한 '동기'는 무엇인가? 바로 일의 가치, 즉 '일에 대한 사랑', 그리고 '고객 감동'이다.

치킨을 정말 사랑하고, 그리고 그 치킨을 먹는 고객들의 즐거워하는 순간을 기대하는 대표의 마음이 있다면 그 치킨매장은 다른 매장보다 더 나은 서비스와 치킨을 제공할 것이 분명하다. 만족스러운 삶에 있어서 가장 중요한 요소는 좋아하는 일, 친구, 가족 순이다. 돈은 그다음이다. 이는 직장인의 행복 요소에 대한 분석자료에서도 확인이 된다. 직장인들 역시도 '돈'보다는 '일에서의 성장'이라고 하는 가치에 더 큰 행복을 느끼고 있다.

그럼, 일이 좋아지려면 어떻게 해야 할까?

첫째, 생활에 필요한 돈을 얻을 수 있고,

둘째, 일을 하면서 나 자신이 성장하는 것이 느껴지며,

셋째, 일을 같이 하는 직원들과의 일이 즐거우며,

넷째, 자신의 일이 고객에게 도움을 준다고 생각되어야 한다.

위의 4가지는 우리가 고용하는 종업원도 동일하게 느끼는 '좋아하는 일'에 대한 항목이다. 대표인 우리가 먼저 이 4가지를 충족하는 일을 하지 않으면서 종업원이 일을 좋아하고 적극적으로 하길 바라는 건 어려운 일이다.

지금 하고 있는 일로 나는 어떤 성장을 이룰 것인지 정리하고, 어떻게 하면 지금 하는 일로 직원, 고객과 즐겁게 일할 수 있을지 생각하고, 지금의 일로 고객이 어떻게 하면 더 나은 만족을 느끼게 할지 방법을 찾아보자.

위의 3가지는 지금 한번 생각하는 것으로는 부족하다.

앞으로 비즈니스를 진행하면서 항상 마음에 새겨두고 생각하며 실천하자. 이러한 우리의 노력, 생각은 반드시 직원, 그리고 고객에게 전달된다.

돈도 벌면서 즐기는 일을 하기 위해
- 지금 하는 일로 어떤 성장을 이룰지 정리하자.
- 지금 하는 일로 우리의 직원, 고객과 어떻게 즐겁게 일할 수 있을지 생각하자.
- 지금의 일로 고객이 어떻게 하면 더 나은 만족을 느끼게 할지 생각해 보자.

스펙이 대단한 저 팀이
너무 부러워요

스타트업 데모데이 발표의 심사를 간 적이 있다. 여러 팀들이 열띤 경쟁을 펼치며 그간 준비한 것들을 쏟아 내고, 그중에 한 팀이 대상을 받았다. 나머지 팀들은 너무나도 부러워하는 눈빛으로 대상팀을 바라보고 있었다. 그리고 자기 팀보다 훨씬 앞서 있는 대상팀의 사업 진도를 부러워하였다. 그때 발표 심사를 맡은 심사위원으로서 저자는 심사 코멘트를 요청받았다.

이에 마이크를 들고 참여한 팀들 앞에서 얘기한 것은 다음과 같은 내용이었다.

"발표 준비하시느라 고생 많으셨습니다. 준비기간 동안 정말 열심히 한 것이 이 짧은 발표에서도 그대로 묻어나는 듯해서 심사하는 저도 너무 기뻤습니다. 다른 팀들 발표를 보면서 왜 우리 팀은 아직 이 정도밖엔 안 될까, 대상 팀이 너무 부럽다, 이런 생각들을 하셨을 수 있겠어요. 하지만, 제3자인 심사위원으로서 제가 본 여러분들의 모습은 조금 다릅니다. 다들 지금의 단계에서 정말 열심히, 자신의 비즈니스를 위해 내달리고 있다는 생각이 들었습니다. 조금 앞서 있어 보이는 팀이 있겠지만, 그리 먼 미래는 아닐 것입니다. 길어야 6개월에서 1년이겠지요. 지금 하고 계신 노력과 열정을 계속한다면 미래는 그보다 더 빨리 앞당겨지고 더 빛날 겁니다. 지금 그대로 앞으로도 계속 노력하시길 응원하겠습니다!"

우리 팀보다 앞서 있어 보이는 정말 잘하고 있는 것 같은 스타트업이라도 적어도 같은 발표 스테이지에 오를 정도라면 길어야 1년 내외 앞선 경우가 대부분이다. 그 시간 동안 그 팀들은 우리보다 더 많은 노력과 열정을 쏟아부은 것이다. 그간의 그들이 쏟아부은 노력의 가치를 인정하자!

또 하나는 대외적으로 ~~빵빵~~한? 실력을 가진 팀에 대한 부러움을 느끼는 경우가 있다. 서울대니, KAIST니, 미국 보스톤 출신이라느니… 이렇게 IR데모데이나 지원사업 발표에서 눈에 띄는 이력을 갖고 있는 팀들이 있다. 아니면 삼성전자, 미국 구글 등 유명 대기업 출신의 경력을 가진 이들도 있다. 이들이 그러한 발표에서 시선을 사로잡는 것은 사실이다.

하지만, 그것과 비즈니스가 성장하는 것은 별개이다.

손에 꼽히는 일류 기술전문대학교 박사 출신이 창업한 팀이 있었다. TIPS를 진행하는 정도의 테크 스타트업인데 코로나19로 야외 행사 관련 서비스가 벽에 막혀 앞으로 진도를 못 나가는 것을 옆에서 지켜보았다. 이에 비해 내세울 것이 그다지 없던, 그리고 발표 당시에는 사업 아이템도 제대로 고도화되지 못했던 팀도 있었다. 이 팀 아이템 역시 오프라인 고객 서비스였는데 1년여 기간 동안 같은 코로나19로 어려움을 겪으면서 사업 아이템을 피봇하고 아이템 테스트를 위해 대기업과 접촉해서 테스트 기회를 얻는 큰 진전이 있었던 경우도 있었다. 이러한 예는 무수히 많이 접하게 된다.

많은 사업 네트워크를 갖고 있는 40대 창업팀은 몇 달이 지나도 기존의 문제를 해결하지 못하고 있다. 그들에겐 오만 가지 못할 이유가 있다. 이에 비해 1박 2일 창업 해커톤(Hackathon, 정해진 시간 내 창업 또는 소프트웨어 결과물을 만들어 내는 이벤트)에 들어온 어떤 대학팀은 정말 애매모호한 아이디어 하나밖엔 없었다. 하지만 시작해서 이틀 만에 아이디어를 제대로 구체화시키고 발표자료를 만든다. 그리고 그들의 3개월 후는 어떠한가? 시제품이 나오고 테스트를 진행하는 단계에까지 이른다. 과연 이 차이는 어디에서 나오는가?

사업 아이템에 대한 집중, 그 이상도 그 이하도 아니다.

엔젤투자자들이 투자할 스타트업을 선정할 때 가장 많이 보는 것이 무엇이냐는 질문에 대다수가 하는 말이 '얼마나 창업 아이템에 미쳐있는가?'이다. 그래서 우리보다 앞선 팀들은 고객에 미쳐있고, 시장진입에 미쳐있고, 성장에 미쳐있는 것이다.

'미친다'는 표현이 과하니 조금 더 순화시켜 보자. 앞선 팀들은 그들의 아이템, 그들 타겟 고객의 문제점을 해결하는 것이 무엇보다 중요한 것이다. 그래서 모든 열정과 노력을 쏟아낸다.

그들에게 있어 지금의 아이템은 하나의 과정이다.

따라서 코로나19와 같은 시장의 변화에 대응해서 아이템을 진화(피 봇)시킨다. 여러분의 사업을 지금 그대로의 상태로 유지하는 것을 목표로 삼지 않길 바란다. 지금의 사업을 성공시키는 것이 여러분의 지상목표가 되어서는 안 된다. 마치 아마존이 온라인으로 책을 파는 것이 지상목표가 아니었듯이 고객의 문제를 해결하는 과정에서 우리는 조금 더 앞으로 진전할 수 있을 것이다.

그리고 그렇게 앞으로 나아가면 지금까지 보이지 않던 새로운 기회가 마치 안개 속을 걷는 것과 같이 새로운 길이 나타날 것이다. 그렇게 앞으로 나아가는 것, 그것이 바로 비즈니스이다.

지금 여러분의 앞은 안개가 자욱한 길일지도 모른다.

하지만 지금 앞에 보이는 '고객의 문제'를 해결하기 위해 미친 듯이 달려간다면, 그건 또 다른 기회와 성장을 만나는 지름길이 될 수 있다.

핵심 치트키 Check!

- 지금 우리 팀이 있는 위치가 중요한 것이 아니다. 같은 스테이지에 있다면 앞서 보이는 팀도 길어야 1년 미만의 차이이다.
- 사업 아이템에 집중하고 계속 고객의 문제를 해결해 나간다면 경쟁업체와 차별성을 확보하면서 성과를 낼 수 있다.

・성공 알고리즘・

메인 비즈니스 목표 집중

12 지금 하는 일이 잘 안되니 뭐라도 하게 되네요

'대표님, 이 비즈니스는 기존에 하시던 거와는 연결고리가 약한 것 같은데 어떻게 하시게 되셨어요?'

'컨설턴트님이 말씀하시는 그대로예요. 원래 하던 게 지지부진하다 보니… 매출도 잘 안 오르고 그래서 이것저것 하게 되더라고요.'

본업이 생각만큼 잘되지 않는 경우에 우리는 다각화를 생각하게 된다.

제품과 시장으로 성장전략을 분류하는 '앤소프 매트릭스'에 따르면, 새로운 시장에 새로운 제품(서비스)으로 접근하는 위와 같은 방법이 바로 '다각화 전략(Diversification)'이다. 다시 말해 우리가 지금까지 쌓아 온 시장 및 제품 개발 노하우를 거의 활용할 수 없는 '하이 리스크 (High Risk)' 전략이다. 이와 반대로 기존 제품을 기존 시장에서 시장 점유율을 확대시키고 고객 이용률을 증가시키는 '시장침투 전략(Market Penetration)'은 가장 리스크가 적은 선택이다.

우리가 스타트업이거나 창업한 지 얼마 되지 않은 초기기업이라면 어떤 전략을 선택해야 할까?

'다각화 전략'을 피봇의 일환으로 추진하는 경우, 우리는 조심스럽게 접근할 필요가 있다.

피봇은 고객과 시장의 반응에 대응해서 우리의 기존 사업을 고도화하는 전략이라고 할 수 있다. 위의 앤소프 매트릭스에서 본다면 '제품 개발 전략(Product Development)'에 가깝다고 할 수 있다. 기존 시장에서의 점유 확대를 위한 관련 제품의 개발 판매를 의미하는 것으로 기존 사업의 고도화 일환이 될 수 있다. 하지만 신제품으로 새로운 시장을 노리는 다각화 전략은 우리의 니즈에 의해 접근하는 시장으로 그 시작이 다르다.

스타트업, 초기기업은 소수 인력과 한정된 기간을 버틸 수 있는 자금밖에 없다. 즉, 주어진 기간 동안 결과를 내지 않으면 '폐업'의 가능성이 커지는 것이다. 따라서 새로운 시장에 새로운 제품개발이 필요한 다각화 전략은 시간과 자금 소요가 기존 사업과 별개인 일로 더 큰 부담으로 작용할 수 있다. 지금 우리가 하고 있는 사업이 어느 위치에 있는지 확인해 보자.

이와 관련해서 경영전문가 리처드 루멜트 UCLA 교수는 '크럭스'라는 개념을 활용하여 메인 사업에 집중할 것을 제안하고 있다. '크럭스(Crux)'는 문제나 쟁점의 가장 중요하거나 곤란한 부분으로 우리 기업의 현재 상태와 원하는 목표 사이에 놓인 장애물을 뜻한다. 이 크럭스를 뛰어넘지 않고서는 목표를 달성할 수 없는 구간으로 우리의 모든 시간과 노력을 집중해서 풀어야 할 도전과제인 것이다.

따라서 우리는 사업 목표 달성에 고객의 니즈, 솔루션 개발 이슈 사항, 시장진입 방법 등 어떠한 문제가 있는지 먼저 찾아야 한다. 그리고 여러 가지 문제 중 어느 것이 크럭스인지 우선순위를 정한다. 지금 우리의 단계에서 가장 중요한 문제를 미션으로 선정하고 크럭스를 해결하기 위해 먼저 해야 할 것이 무엇인지 설정한다. 마지막으로 문제를 해결할 수 있는 방법이 설정되면 실행한다.

위와 같은 단계로 크럭스를 해결해 나가야 한다. 크럭스는 우리에게 있어 MVP의 개발이 될 수도 있고, 경쟁업체 제품과의 차별성을 만들어 줄 솔루션일 수도 있다. 우리의 단계에 따라 다양한 크럭스가 계속 나올 수 있다. 하지만 지금 목표로 하는 크럭스를 해결하는 순간, 우리의 비즈니스는 다음 단계로 넘어가게 되고, 우리의 고객은 더욱더 늘어날 것이다.

우리나라의 첫 달 탐사선 '다누리'를 달에 보낸 로켓 '팰컨9'는 일론 머스크의 스페이스엑스(Space-X)이다. 사업 초기, 스페이스엑스가 가장 중요하게 생각한 '크럭스'는 화성에 인류를 이주시키고자 하는 목표 달성에 있어 1회용으로 쓰이는 로켓의 과도한 비용 문제였다. 이를 해결하기 위해 집중한 것이 로켓 발사체 재사용이었고, 로켓 발사 후 발사체를 다시 바다나 육지에 설치한 착륙장소로 소프트랜딩시키는 솔루션으로 연구했다.

여러 차례의 로켓 발사와 발사체 회수 실패 끝에 얻은 결과는?

기존의 비용을 1/10 수준으로 절감하며 로켓시장에서 제대로 도전할 수 있게 되었다.

지금의 사업이 막혀 있어서 새로운 대안을 찾는 것은 우리의 '진정한 해결책'이 되기 어렵다. 다시 한번 우리의 사업을 돌아보고 메인 사업이 어떤 부분에서 가장 큰 문제가 있는지 크럭스를 찾아보자. 그리고 크럭스의 해결에 집중하자.

그랬을 때 우리는 그다음 단계로 넘어갈 수 있을 것이다.

우리의 비즈니스는 크럭스를 넘는 과정의 연속이다.

핵심 치트키 Check!

지금 하고 있는 메인 사업 아이템에 집중해서 결과를 내자.
· 메인 사업의 목표 달성에 어떤 문제가 있는지 찾는다.
· 여러 가지 문제 중에 어느 것이 가장 중요한지 우선순위를 정한다.
· 가장 중요한 문제(크럭스)를 해결하기 위해 먼저 해야 할 것을 정하고 실천한다.
· 지금의 일로 고객이 어떻게 하면 더 나은 만족을 느끼게 할지 생각해 보자.

사업 위기를 이기는 마인드셋

개별이 아닌 전체 목표 중심 운영 (매출, 수익)

적자 나는데 팔아야 하나요?

'대표님, 지금 오프라인으로는 매출에 한계가 있다고 하는 것이 분석을 통해서 확인되었어요. 온라인쇼핑 쪽으로 확장을 검토해야 하는 시점이라고 생각됩니다.'

'저도 그렇게 해야 하지 않나 생각은 하는데요. 그런데 수수료나 추가 발생할 비용을 계산해 보면 적자 수준인 거예요. 이런데도 온라인 쪽으로 가야 할지 판단이 안 서네요.'

우리에겐 이렇게 선택의 순간이 늘 있게 된다. 과연 이런 상황에서 우리는 어떤 판단을 해야 할까?

컨설턴트의 말을 신뢰하는 것이 답일까? 컨설턴트로서 일방적으로 컨설턴트의 조언에 따르는 것은 아주 위험한 판단이라고 생각한다. 모든 판단은 의견들을 종합적으로 검토하고 결정하는 것이다.

위의 예에서 대표님이 결정할 때 필요한 것은 무엇일까?

① 현재 상황에 대한 분석을 기반으로 한 이해.

② (온라인시장을 포함한) 매출 개선 방법에 대한 검토.

③ 확장 가능한 최적시장에 대한 시뮬레이션.

위의 3가지 프로세스를 거쳐 본격적으로 신규시장을 도전해야 할 것이다. 만약 1, 2번 프로세스를 통해 '온라인시장'이 새로운 도전 시장으로 결정하였다면 온라인시장 진출이 정말 우리에게 도움이 되는 것인지 계산해 봐야 한다. 이 계산에 효과적인 것이 바로 '공헌이익' 개념이다.

공헌이익은 신규사업에 진출하고자 하거나, 기존 사업 외 매출과 수익을 확보하고자 하는 경우에 효과적인 개념이다. 공헌이익은 매출에서 변동비를 차감한 값으로 추가 수익이라고 할 수 있다.

즉, 매출액−변동비 = 공헌이익

공헌이익을 계산하기 위해서는 'CVP분석'이 필요하다.

CVP분석이란 원가(Cost), 매출(Volume), 이익(Profit)을 분석하는 것을 의미한다. 먼저 원가는 고정비와 변동비로 나눠지게 된다. 매출과 관계없이 지출되는 비용이 고정비이다(임대료, 인건비 등). 이에 비해 매출 증감에 따라 연동해서 발생되는 비용이 변동비이다(원재료비, 운반비 등). 변동비는 매출이 정해지지 않으면 계산될 수 없다. 따라서 얼마나 매출할지에 대한 계획 설정을 먼저 하는 것이 순서이다.

매출 계획을 정하였다면 다음으로 계산해야 할 것이 '손익분기점'이다. 매출을 함에 있어 수익=비용=0의 지점인 손익분기점은 수익 0일 때의 매출액(매출량×가격) 수준을 파악할 수 있기 때문이다. 즉, 이때까지의 매출에서 우리는 고정비를 커버할 수 있다는 뜻이다.

손익분기점을 넘는 매출을 한다면 추가 매출은 우리에게 있어 새로운 수익을 얻을 수 있는 기회가 된다. 고정비를 충분히 커버할 수 있는 수준의 매출액과 손익분기점을 돌파한 상황이라면 추가 수익을 위해 공헌이익 개념을 적용한 전략을 추진할 수 있다.

수익계산에 고정비를 제외하고 변동비만을 비용으로 계산하는 '공헌이익'은 우리에게는 좀 더 여유로운 가격 설정과 변동비 증가(마케팅, 이벤트 등 비용 추가)를 생각해 볼 수 있게 된다.

예를 들어 일본 '아사히맥주'를 생각해 보자.

편의점이나 마트에서 500ml 아사히맥주를 4캔에 1만 원에 살 수 있다고 가정하면 캔당 2,500원 가격이다. 그렇다면 일본에서는 아사히맥주를 얼마에 팔고 있을까?

일본 온라인 가격비교 사이트인 kakaku.com에서 최저가 검색을 하니 아사히 수퍼드라이 500ml 24캔 기준 6,105엔이다(2024년 1월 기준). 9원/JPY 기준으로 계산할 경우 캔당 2,290원 수준이다. 실제 일본 편의점에서 구입할 경우, 평균적으로 500ml 1캔당 세금포함 300엔 내외로 2,700원 이상이 된다.

어떻게 일본보다 한국에서 아사히맥주가 더 쌀 수 있을까?

아사히맥주에 있어 고정비를 커버하여 손익분기점 이상을 확보해야 하는 시장은 일본 시장이다.

그리고 한국 시장은 추가적인 수익을 확보할 수 있는 공헌이익 개념으로 접근 가능한 시장이 된다. 따라서 직접 판매가 아닌 한국 롯데아사히주류를 통해 경쟁력 있는 가격으로 수출하여 한국 시장 내 점유를 확보하면서 아사히맥주의 매출과 수익을 확대하고 있는 것이다. 단,

여기에서 중요한 것은 한국 시장에서의 가격 운영이 일본 시장에 영향을 미치는 카니발리제이션(cannibalization)[3]이 없어야 한다는 전제가 필요하다.

다시 처음 예로 돌아가자. 대표분은 어떤 판단을 해야 할까?

오프라인 시장에서 매출과 수익을 추가로 확보하는 것에 어려움이 있다면, 그리고 현재 기준으로 손익분기점을 돌파하였다면, 온라인시장으로의 시장 확장을 검토해 볼 수 있을 것이다. 온라인시장 진출에 필요한 추가적인 변동비(마케팅, 가격할인 등)에 대해 공헌이익이 흑자를 보인다면 적극적으로 반영하는 전략을 선택하는 것은 현명한 판단이 될 수 있다.

결국 우리에게 중요한 것은 매 상품을 판매할 때 수익을 얻는 것이 아니라, 일정 기간(월, 분기, 반년, 년)에 토탈해서 수익을 증가시키고 성장해 나가는 것이 중요하다.

다시 한번 우리를 돌아보자.

현재 상황에 대해 분석하여 매출과 수익을 확대시킬 방법에 대해 검토하자. 그리고 성장 가능한 최적시장에 대한 시뮬레이션을 통해 전략을 도출하고 실행하자.

우리에게 있어 공헌이익과 같은 방법을 적용할 시장이 어디에 있는지 검토하고 지금 도전해 보자.

---

3) 한 기업에서 새로 출시하는 상품으로 인해 그 기업에서 기존에 판매하던 다른 상품의 판매량이나 수익, 시장 점유율이 감소하는 현상.

- 우리의 매출과 수익을 확대시킬 방법을 찾아보자.
- 우리의 손익분기점을 파악하고 고정비를 계산하자.
- 새로운 시장을 통해 시장 확대가 필요한 경우, 공헌이익 개념을 적용해서 매출액 − 변동비로 수익이 난다면 전체 매출과 수익을 확대해 보자.

핵심사업 기반 불황 극복 전략

14

불황이라 허리띠만 졸라매고 있어요

'대표님, 저번에 말씀하신 설비 투자 이번에 진행하시는 건가요?'

'아, 컨설턴트님, 그거요? 코로나 지나고 나서 아시다시피 미국 금리 인상으로 보통 타격이 있는 게 아니네요. 운영자금도 겨우 메꾸느라 정신을 차릴 수가 없어요.

어디 돈 좀 더 대출받을 곳 없을까요?'

불황이 지속되고 호황이 기대되지 않는 상황이 되면 아무래도 '긴축 경영'에 집중하는 경향을 보이는 기업들이 늘어나게 된다.

심지어 스타트업 역시도 비용을 줄이고 인원을 감축하며 번레이트 (Burn Rate)[4]를 최소화하는 형태로 살아남기에 집중하게 된다. '살아남는 자'가 강한 자라는 마치 축구 월드컵 토너먼트의 생리와도 같은 이야기가 퍼지게 된다. 하지만 '불요불급(不要不急)' 비용을 최소화하는 것과 성장 기반의 투자를 줄이는 것은 차원이 다른 이야기이다. 기업의

---

4) 매월 지출되는 비용.

목표가 '생존'이어서는 안된다. 우리는 '성장'을 꿈꾸고 도전해야 한다. 그렇지 못하면 생존도 어려워지는 것이 이 시장의 생리이다.

이럴 때 생각해 볼 것이 바로 '기업가 정신'이다.

피터 드러커는 "기업가란 언제나 변화를 탐색하고 그것에 대응하여 변화를 하나의 기회로 실천에 옮기는 사람이다"라고 기업가 정신(Entrepreneurship)을 정의했다. 드러커는 저서 『넥스트 소사이어티(Next Society)』에서 기업가 정신 1등 나라로 대한민국을 꼽았다. 전후 아무것도 없던 나라에서 24개 산업분야에서 세계 일류 수준으로 성장한 것을 그 근거로 제시하였다. 국뽕은 아니지만 컨설턴트적 시각에서 우리나라의 '성장 추세'를 기준으로 분석하자면 충분히 생각해 볼 수 있는 이야기라고 할 수 있겠다. 우리가 스스로를 성장을 목표로 하는 기업의 대표로써 생각한다면, 우리는 지금의 위기 상황에서 이 '기업가 정신'을 다시 한번 되새길 필요가 있다.

"모든 병사의 가방에는 장군의 지휘봉이 있다."

–나폴레옹–

우리들 모두에게는 일론 머스크, 제프 베조스와 같은 성공한 기업가의 가능성을 가지고 있다. 단지 성공으로 가는 과정이거나 혹은 아직 실행되지 않고 있을 뿐이다. 그 가능성은 변화하는 환경 속에서 끊임없이 기회를 찾고 도전하는 이에 의해 실현되는 것이다.

코로나19 시기에 우리는 경험을 했다.

맛집은 코로나 속에서도 줄을 서고 매출이 늘어나는 진풍경이 있었던 반면 고만고만하던 매장들은 손님이 거의 끊어져서 폐업을 걱정하는 상황에 놓였다. 코로나 시기에도 늘어난 창업 통계 결과에 대해 일부에선 '나홀로 사장님'과 같은 소규모 자영업자의 증가와 같은 어쩔 수 없는 생존전략으로써의 창업이 많았다는 분석도 흘러나온다. 실제 현장에서 컨설턴트로 만난 대표분들의 모습은 어땠을까?

코로나19 상황에서도 창업을 결심할 만큼, 아니 그 이상으로 열정에 넘쳐났었고 매출과 수익, 그리고 성장을 위해 도전하는 이들을 많이 만날 수 있었다. 코로나 상황이 대다수 대표분들에게는 힘든 시간이었겠지만 다른 한편, 미국의 금융 양적완화 영향으로 전 세계의 자금이 넘쳐나는 시기이기도 하였다. 이로 인해 음식점 방문 횟수는 줄어들었지만 1회 방문당 결제금액은 코로나 이전보다 높아진 통계를 보이기도 하였다. 코로나 시기에도 누군가에겐 절호의 기회였다.

《2018년 세계 저장상인 상하이포럼》에서 기조연설을 한 알리바바 마윈 회장은 이렇게 이야기했다.

"외적 경제 요인을 탓하지 말고 내부로 눈을 돌려 어려움을 극복해야 한다. 기업의 내부 결속이 강하면 아무리 커다란 홍수와 풍랑도 견뎌낼 수 있다. 태풍을 만나면 돼지라도 날 수 있다. 하지만 그 바람이 지나고 나면 수많은 돼지들이 떨어져 죽는다. 외부 요인에 영향을 받지 않는 '완벽한 내부 결속'은 기업이 가야 할 유일무이한 정도(正道)이다."

마윈은 이와 함께 실패하는 기업의 90% 이상이 기업의 외적 요인이 아닌 내적 요인에 의한 것이라고 하였다. 실패의 원인은 우리이고 성공역시 우리에게서 비롯된다. 코로나든 뭐든 외부 환경을 우리가 조절할 순 없다. 변화하는 환경에 대응하기 위해 우리가 할 수 있는 일을 찾아 내실있게 준비하고 실행하는 것, 그것이 바로 기업가 정신의 실천이다.

하버드대학교 경영대학원 란제이 굴라티(Ranjay Gulati) 교수는 1980년부터 2000년대까지 발생한 경기 불황 위기 중 상장기업 4,700개의 경영 상태를 분석한 결과, 9%는 경기 침체 후 3년간 경쟁사 대비 10% 이상 매출과 이익이 상승하였다고 한다.

위기 속에 성장한 이들 기업의 공통점에 대해 분석해서 '불황기에 비용 절감과 함께 공격적 투자로 성공하는 방법'을 4가지로 정리하였다.

① 경기 침체 전에 디레버리징(Deleveranging)⁵⁾하라.

　환경변화에 대응해 부채를 축소하고 핵심 부문에 집중하라.

② 의사결정을 단순화하라.

　의사결정을 중앙에서 현장으로 위임해서 변화에 대한 대응력을 높여라.

③ 정리해고에 의존하지 마라.

　근로시간 단축, 인력 재배치 등을 통해 운영개선에 집중하라.

④ 기술에 투자하라.

　호황기 대비 기술 투자 비용이 낮은 불황기에 집중 투자하라.

---

5) 자기자본 대비 차입비율에서 차입비율을 낮추는 것으로 부채를 축소하는 것을 말한다.

우리의 내부를 핵심 기술에 집중할 수 있게 조정하고 의사결정을 단순화하며 변화 속에서도 대응할 수 있는 조직으로 만드는 것이 중요하다는 것이다. 이와 함께 디지털 전환 역시도 함께 추진할 것을 제안하고 있다. 디지털 전환은 향후 비용 절감 효과와 함께 경영진의 분석력과 민첩한 기업의 대응에 긍정적으로 작용하기 때문이다.

BCG 글로벌 프랙티스의 대표인 경영컨설턴트 데이비드 로즈 역시 불황 속에서 기회를 찾아 성장의 기회로 활용하기 위해서는 스스로의 취약점을 최소화하기 위한 노력을 통해 경쟁업체 대비 경쟁우위를 확보하는 것이 필요하다고 역설하고 있다.

위에서 언급한 내용을 바탕으로 액션플랜을 정리해 보자.

여기에 추가하고 싶은 것은 반드시 '수치'를 챙길 것, 그리고 혹한기를 견딜 수 있도록 대표의 멘탈관리에 신경 써야 한다. 스타트업 대표의 양극성 장애가 일반인의 5배가 넘는다고 한다. 마지막으로 네트워킹을 통해 서로 협업하고 상호성장(peer learning)[6]을 추구해야 한다.

과연 앞으로 누구에게나 장밋빛인 그런 호황기가 찾아올까? 그럴 가능성은 아마 크지 않을 것이다. 진정 호황기가 오더라도 준비가 안되어 있다면 우리가 인식하지 못하는 사이에 그 기회는 지나갈지도 모른다.

---

6) Peer learning: 피어러닝. 동료, 학습자 간에 협력하여 과업을 수행하며 배우는 것. 다양한 스타트업 네트워킹을 통해 서로의 경험을 공유하고 협업하면서 상호 성장하는 것.

우리가 할 일은 '기업가 정신'을 되새기며 지금 우리가 맞이한 환경(혹한기) 속에서 준비하고, 기회를 찾고, 대응하는 것이다.

핵심 치트키 Check!

- 불황을 극복하기 위해 핵심기술과 핵심사업에 집중하자.
- 핵심 아이템을 중심으로 기술에 투자하는 액션플랜을 짜고 멘탈관리와 함께 '수치'를 챙기자.

효과 임계점 돌파 노력의 축적

15 홍보해도 효과가 나오질 않아요

'이번에 진행하고 있는 온라인 홍보, 반응이 어떤가요?'

'두 달째 하고 있는데 고객 반응이랄까, 아직 감감무소식이네요. 이거 효과가 없는 게 아닐까요?'

무언가 새로운 전략을 결정하고 추진하는데 생각보다 그 결과가 나오지 않는 경우가 종종 있다. 기껏 노력과 돈을 투자해서 하는 건데 반응이 느껴지지 않는다면 이걸 계속해야 하나 싶은 생각이 들 때가 있는데 과연 결과는 얼마나 있어야 나타날까?

고등학생 시절로 돌아가 보면 고3 때는 책과 참고서를 들여다보며 열심히 공부했을 것이다. 그런데 그런 노력의 결과가 과연 얼마나 지나서 나타났는지 기억을 떠올려 보면 적어도 3개월은 지나서야 서서히 올라가는 성적을 확인할 수 있었을 것이다. 또는 공부한다고 했는데 성적도 안 오르고 해서 도중에 포기한 사람도 있지 않을까?

왜 우리는 공부하고 노력한 만큼 성적이 오르지 않을까?

왜 우리는 홍보한 만큼 매출과 수익이 오르지 않을까?

노력이 성과를 내기 위해서는 '임계점'을 넘겨야 하기 때문이다. 임계점이란 어떤 물질의 구조와 성질이 다른 상태로 바꿀 때의 온도와 압력을 말한다. 어떤 상태에서 더는 견디지 못하고 다른 상태로 변화하는 한계점이다. 즉, 임계점에 도달하지 못한 노력은 결과를 얻지 못하고 소멸한다는 것이다. 마치 물이 100도가 되어서야 끓기 시작하는 것과 같다. 그리고 임계점을 넘긴 지속적인 노력은 잠잠하던 물이 펄펄 끓는 물로 변하는 것 같이 우리가 생각했던 것 이상의 변화된 결과를 얻게 된다는 것을 의미한다.

노력을 하는 데 있어 '임계점'과 함께 생각해야 하는 것이 '최소량의 법칙(Law of Minimum)'이다.

독일의 생물학자인 리비히(J. F. Liebig)의 법칙으로 식물의 성장과 생산량은 수분, 온도, 광선, 양분 등 생육에 필요한 여러 요소 중 가장 공급 비율이 낮은 요소에 의해 결정된다는 것이다. 아무리 양분이 넘쳐나도 그중 하나라도 부족한 것이 있으면 식물의 성장과 생산량은 최소량인 요소에 의해 결정된다고 한다.

예를 들어 '고객 만족'은 고객이 접하는 전체 종업원의 서비스 품질에 대한 평균적 만족도가 아니며 덧셈 법칙이 아닌 곱셈 법칙이 적용된다는 것을 우리는 알고 있다. 즉 어느 한 명의 종업원이 만족도 '0'이라면 우리의 '고객 만족' 결과도 '0'이 되어 우리의 평판은 엉망이 되고 만다. 나머지는 다 잘하고 있는데 마케팅만 잘 못한다면? 우리가 생각하는 것보다 결과가 낮을 것임을 쉽게 알 수 있다. 따라서 우리가 온라인 홍보를 하든, 어떤 사업상의 노력을 진행하든, 우리는 각 요소, 각 참여자들이 각자의 역할을 할 수 있는 환경을 만들고 지속적으로 추진해야 한다. 우리는 사업에 있어서 여러 요소들을 함께 추진하며 성공의 길로 가야 한다. 어느 것 하나 최소량에 미치지 못할 때 우리의 목표는 달성하기 어려워진다.

이렇게 우리가 노력하는 과정에서 '결과'가 나올 때까지 아무것도 예측하지 못한다면 정말 힘들 것이다. 다만 우리가 노력을 열심히 하고 있다는 것을 확인할 수 있는 '이정표'는 있다.

'1:29:300의 법칙(하인리히의 법칙)'이 바로 그것이다.

대형사고가 발생하기 전에 경미한 사고나 징후가 여러 차례 발생한다는 법칙이다. 1건의 대형사고가 발생하기 전에 29건의 경미한 사고와 300여 건의 사소한 문제가 발생한다는 통계법칙이다. 이를 역으로 생각한다면 하나의 큰 성공 결과를 얻기 위해서는 300여 건의 소소한 반응과 29건의 작은 성공이 이뤄져야 한다고 생각해 볼 수 있다.

예를 든다면, 온라인 홍보를 하는 과정에서 고객들의 '최고예요' 반응이 늘어나고, 구매를 문의하는 연락이 온오프라인으로 전보다 늘어나고, 재구매가 늘어나는 추세와 같은 고객의 반응들을 느낄 수 있게 된다면 우리가 목표한 매출과 수익이 얼마 남지 않았음을 알 수 있을 것이다. 이러한 고객의 소소한 반응들이 우리의 KPI(Key Performance Indicator, 핵심성과지표)[7]가 되어야 한다.

---

7) 목표를 성공적으로 달성하기 위해 핵심적으로 관리해야 하는 요소들에 대한 성과지표를 말한다.

우리가 목표로 하고 있는 결과를 위해서는

① 각 요소들이 부족함 없이 제 역할을 하며(최소량의 법칙)

② 변화 수준(임계점)을 넘을 수 있도록 노력을 다하자.

③ 사이 고객들의 소소한 반응을 1:29:300의 법칙을 생각하며 KPI로 확인하자.

우리가 생각하는 광고효과는 바로 저 언덕 다음에 있을 것이다.

핵심 치트키 Check!

- 지금 우리가 추진하고 있는 마케팅과 노력에 결과가 나오지 않는 것은 아직 임계점을 넘지 못했기 때문이다.
- 임계점을 넘을 때까지 1:29:300 법칙을 생각하며 변화를 KPI로 체크하며 노력을 계속하자.

메인 아이템 리뉴얼 확장 전략

16

고객 불만도 없는데 리뉴얼해야 하나요?

'대표님, 이 제품이 우리 입장에서는 가장 대표적인 제품이고 판매도 많이 되는데 리뉴얼 계획은 어떻게 되세요?'

'컨설턴트님 말씀처럼 이 제품 매출 비중이 가장 많죠. 근데 자금 문제도 있고 또 딱히 고객분들한테서 별로 불만 사항도 나오고 있지 않아서요. 꼭 제품을 바꿔야 할까요?'

기존에 잘나가고 있는 제품을 군이 새롭게 리뉴얼하고 개선하는 것이 필요할까? 이것보다는 아예 새로운 제품을 개발해서 또 다른 캐쉬카우[8]나 스타[9]를 키우는 게 낫지 않을까? 이 문제에 있어서 우리가 생각해 볼 것은 과연 새로운 캐쉬카우를 만드는 것이 기존 캐쉬카우나 스타를 더 성장시키는 것보다 난이도가 낮은가 하는 문제일 것이다.

스타트업, 중소기업이 한 개 이상의 캐쉬카우 제품군을 확보하는 것

---

8) 캐쉬카우(Cash Cow): 보스톤컨설팅의 BCG 매트릭스에서 '낮은 시장성장률×높은 시장점유율'을 가진 제품. 기업 내 높은 매출과 수익 비중을 가진 제품군.

9) 스타(Star): BCG 매트릭스에서 '높은 시장성장률×높은 시장점유율'을 가진 제품. 기업내 높은 매출과 수익 비중을 갖고 있으며 성장 가능성이 높은 제품군.

은 매우 어려운 것임을 실제 현장에서 경험할 수 있었다. 그렇다면 우리에게 할 수 있는 선택은 기존 고객과 신규고객이 우리의 캐쉬카우 제품을 더 많이 사고 이용하게 하는 요인을 만드는 것이다.

최근 해외에서도 손쉽게 구매할 정도로 K-푸드의 대명사로 글로벌 제품이 된 '불닭볶음면'에 대해 알아보자.

2012년 탄생한 삼양식품의 대박 히트제품 '불닭볶음면'은 지금까지 불닭소스와 함께 치즈불닭, 불닭볶음탕면, 핵불닭, 쿨불닭, 커리불닭, 마라불닭, 까르보불닭, 짜장불닭볶음면 등 다양한 제품이 나왔고, 일본에서는 야키소바맛, 미국에서는 하바네로라임맛이 나오는 등 현지화를 위한 노력이 지속되고 있다. 그리고 삼양식품 내부에서 '불닭 헤드쿼터' 조직을 만들고 불닭볶음면을 제품이 아닌 하나의 브랜드로 성장시키는 작업이 진행되고 있다고 한다. 2021년 해외 매출 3,886억 원에서 2022년 6,000억 원을 돌파할 정도로 급격한 성장세를 보이고 있는 삼양의 해외 매출은 총매출 9,090억 원의 67%에 이른다. 이는 경쟁업체인 농심(38%), 오뚜기(9%)보다 훨씬 높은 비중이다.

삼양식품의 매출과 영업이익 추이를 보게 되면 천하의 불닭볶음면도 처음 출시된 2012년부터 2015년까지는 매출과 영업이익 모두 정체되어 있는 모습을 보인다. 하지만 시장의 반응을 얻으면서 출시 4년 만인 2016년부터 급격한 성장 추세로 지금까지 그 추이가 꺾이지 않는 것을 알 수 있다. 물론 이러한 고객의 반응에는 지금까지 이어지는 불닭볶음면의 제품 개발과 함께 마케팅의 숨은 노력이 있었음은 두말할 나위가 없다.

지금 삼양식품을 보게 된다면 불닭볶음면 없이는 생각할 수 없을 정도로 '삼양식품=불닭'이 되었다. 매출 1조 원에 가까운 기업에도 브랜드 한 개가 차지하는 비중이 이 정도로 막대하다. 우리가 갖고 있는 1등 제품을 다시 한번 돌아봐야 할 시점이다.

우리의 1등 제품을 리뉴얼하고 제품확장(마케팅에서는 '제품길이확장'이란 표현을 쓴다)하는데 있어서 '현상 유지 편향'이라는 장벽이 존재한다. 현상 유지 편향(Status quo bias)은 변화 자체를 두려워하며 행동하지 못하는 심리 현상을 의미한다. 개인은 현재 성립된 행동을 특별한 이득이 주어지지 않는 이상 바꾸지 않으려는 경향을 가지고 있다.

현상 유지 편향이 무서운 것은 '삶은 개구리 현상'으로 진행될 가능성이 높기 때문이다. 한두 가지의 괜찮은 제품이나 서비스로 멋지게 성공하던 업체가 10년도 지나기 전에 어느 순간 갑자기 고꾸라지면서 실패의 나락으로 빠지는 경우를 쉽게 찾아볼 수 있다. 서서히 끓어오르는 물을 우리가 위기로 느끼기는 정말 어렵다. 제품을 확장하고 리뉴얼하는데 개발 비용이 드는 반면, 바로 눈앞에 이득이 보이지 않기 때문에 우리는 변화하기가 더욱 힘들다.

계속 고객에게 구매를 유도하고 시장을 리드하기 위해서

① 아이템 전략을 제품 라이프사이클(PLC) 측면에서 접근하고,

② 신제품을 하나의 스타트업 아이템으로 생각하며 저비용 MVP제품화하여,

③ 시장에 도전하는 자세로 기존 제품을 진화시켜 나가자.

한편, 이러한 현상 유지 편향은 우리의 고객들도 느끼고 있다. 현상 유지 편향을 잘 이해하고 활용할 수 있다면 고객들을 대상으로 한 마케팅도 가능해진다.

예를 들어 구글홈에서 음악을 듣다가 갑자기 튀어나오는 광고를 들어본 적이 있는가?

"지금 바로 유튜브 프리미엄으로~ 무료 1개월 서비스~"

한 달 동안 써보는 동안 유튜브 프리미엄에 만족해서가 아니라 기존 상태를 유지하려는 '현상 유지 편향'으로 인해 해지하지 않고 그냥 쓰게 되는 사람의 심리를 이용한 무료 서비스 마케팅이라고 할 수 있다. 이미 카드 등록도 마친 상황으로 결제의 어려움도 없다. 즉, 구독서비스의 기반은 '귀차니즘'으로 대변되는 '현상 유지 편향'이다. 우리가 사업을 하는데 있어 어떻게 해야 현상 유지 편향을 극복하며 지속적으로 혁신할 수 있을까?

여기에서 활용할 수 있는 것이 '프레이밍 효과(Framing effect)'이다. 제시되는 옵션이 긍정적인지, 부정적인 의미로 제시되는지에 따라 두 옵션 사이에서 결정한다는 인지 편향을 의미한다. 개인은 옵션이 긍정적으로 제시될 때 위험을 회피하는 선택을 하며 부정적인 옵션으로 제시될 때 손실 회피, 다시 말해 리스크를 감내하고 변화를 더 많이 선택하는 경향이 있다.

이를 우리의 비즈니스에 대입시키면
① 프레이밍 효과 1: 긍정적 옵션일 때는 위험 회피를 선택한다
② 프레이밍 효과 2: 부정적 옵션일 때는 위험 추구를 선택한다

따라서 2번째 프레이밍 효과를 통해 현재 상황에서 아무것도 하지 않는 경우에 더 큰 손실이 있을 것이라는 것을 우리 내부적으로 공유할 수 있다면 우리는 현상 유지 편향을 극복하고 리스크를 감내하면서라도 변화를 위한 행동을 시작할 수 있다.

우리가 그대로 있다가는 '삶은 개구리'가 될 수 있다는 위험을 인지하고 완전히 새로운 제품을 만드는 것보다 기존의 매력적인 제품의 강점을 살려 확장한다면 우리의 고객의 만족도는 늘어날 것이고 우리는 시장에서 더 많은 것을 얻을 수 있을 것이다.

물론 이를 위해서는 제품 개발과 더불어 고객과의 지속적인 커뮤니케이션, 시장의 니즈를 읽는 노력, 홍보가 함께 이뤄져야 한다.

핵심 치트키 Check!

- 새로운 캐쉬카우를 만드는 것은 너무나도 어려운 미션이다.
- 지금 고객의 반응을 얻고 있는 아이템을 개선하고 확장하여 재구매와 바이럴을 일으키며 충성고객으로 만드는 것이 스타트업의 성장비법이다.

휴식-몰입의 법칙

17 휴일에라도 벌어야죠, 쉬긴 어떻게 쉬어요?

'대표님, 이렇게 열심히 하시는데 쉬는 시간은 있으세요? 일주일에 하루라도 쉬셔야 할 텐데요.'

'직원들이야 일주일에 한 번씩은 쉬게 하는데 저는 쉴 수가 없네요. 지금 벌려놓은 것도 있고 또 딱히 쉬라고 해도 뭐 할 것도 없구요. 그냥 일하는 게 맘 편해요.'

인생은 마라톤이라는 생각이 든다.

순간순간 보면 100미터 달리기 단거리 시합 같기도 하지만 인생 전체로 보면 장거리 중의 장거리, 마라톤이다. 18홀을 도는 골프가 인생에 비유되기도 하지만 그 정도는 약과다. 마라톤이 아니라 철인 3종경기라고 해도 될 것 같은 게 인생이다. 긴 시간 동안 기쁠 때가 있는가하면 한없이 슬픈 순간이 있기도 하고, 인생을 다 안 것 같은 느낌이 들 정도로 잘나가다가도 어느 순간 답이 없을 정도로 막막한 벽에 부딪히기도 한다.

사업 역시 마라톤이다. 긴 싸움이고, 또 도전이다. 이 긴 여정을 가는 우리는 어떤 마인드셋을 가져야 할까?

긴 사업의 호흡을 유지하기 위해서는 먼저 일을 하는 순간에 최고의 집중력, 즉 '몰입'이 필요하다.

칙센트미하이(Csikszentmihalyi)는 그의 대표작 『몰입의 즐거움(Finding Flow)』에서 개인의 능력과 풀어야 할 과제(목표) 수준이 비슷할 때 몰입에 쉽게 빠지게 된다고 보았다. 이렇게 몰입에 빠지는 심리상태가 '플로우(Flow)'이다.

몰입 MatrIx

다만 개인 능력보다 과제 수준이 높으면 사람은 불안함을 느끼게 되고 포기할 가능성이 높아진다. 이와 반대로 과제 수준이 너무 낮아도 사람은 권태감에 빠지게 되어 중도 포기가 일어나게 된다.

몰입이란 어떤 보상을 바라서 되는 것이 아닌 몰입 그 자체가 목적이 되는 '자기 목적성'을 갖고 있다.

이러한 몰입의 수준을 일에 적용하려면 어떻게 해야 할까?

첫째, 먼저 우리에겐 도전 가능한 수준의 목표가 필요하다.

허황된 꿈은 내가 이루고 싶지만, 비현실적이며 가시화되지 않은 것이다. 작년에 1억 원 매출을 했는데 올해 10억 원 매출을 하겠다고 한다면 그건 허황된 꿈이 될 수 있다. 하지만, 3억 원을 목표로 하고 구체적인 방법을 정리해 본다면 이건 가능한 과제가 된다. 3억 원 매출목표를 달성했다면 그다음 목표가 10억 원이 되어도 좋겠다. 이때의 10억 원은 꿈이 아닌 현실적인 목표로 다가올 것이다.

둘째, 몰입을 위한 또 하나 필요한 것이 '성공 경험'이다.

내 일상에서부터 하나씩 성공 경험을 얻게 된다면 이것이 몰입의 '자기 목적성'이 되어 더 큰 몰입과 성공으로 이끌 것이다. 가장 쉬운 것은 작은 성공 경험부터 쌓는 것이다. 아침을 시작할 때 30분간 스트레칭을 하는 것을 하면서 스스로 멋진 하루를 여는 습관을 익히는 것에 대해 성공 경험을 한다면 우리는 좀 더 큰일에도 이것을 적용할 수 있게 된다.

이렇게 몰입을 계속한다면 우리의 몸과 마음은 어떻게 될까? 몰입한 만큼 휴식도 충분히 취할 수 있어야 한다.

잘 안되는 매장의 경우, 대부분 일주일 중 쉬는 날 없이 운영하는 것을 보게 된다. 그렇다고 해서 매출이 더 늘까? 컨설팅 경험에 의하면 실제 7일 운영과 6일 운영(주 1회 휴무)에서 매출 차이가 거의 없었다. 단, 장사가 아주 잘되는 '맛집'의 경우는 제외한 결과이다. 맛집은 매장에 휴무일은 없어도 기본적으로 대표와 직원이 돌아가며 휴식을 취하고 있어서 사실상 휴식을 취한다고 봐야 한다.

휴무일에 우리는 과연 무엇을 할까? 직원들처럼 사업 일을 묻어두고 편하게 즐길까? 직원의 경우에도 주 4일제 근무 시 성과가 좋아진다는 연구 결과가 있을 정도다.

아마 쉬는 순간에도 머릿속엔 사업 생각이 그대로일 것이다. 다만, 장소가 사업장이 아닐 뿐이다. 이럴 때 우리는 산책을 하든, 다른 경쟁 업체를 찾아보든, 고객을 만나보든, 아니면 정말 피로한 몸과 마음에 휴식을 주든 다양한 방법으로 내일의 '몰입'을 위해 재충전할 것이다.

『Rest』를 쓴 레스트풀컴퍼니의 설립자이자 컨설턴트인 알렉스 방은 성공한 사람들의 비결로 1만 시간의 의도적인 연습, 1만 시간 이상의 의도적인 휴식, 실제는 1.25만 시간이다! 연습 시간보다 휴식이 더 길다는 것에 주목!!, 낮잠을 포함해 3만 시간의 잠, 이 세 가지를 들고 있다.

알렉스 방이 독일 음대생을 대상으로 연구한 결과에 의하면 최우수 학생들은 정확히 자신들의 휴식 시간을 계산하고 있었다. 이에 비해 평범한 학생들은 자신들이 휴식을 취하는 시간이라고 생각한 15시간 보다 훨씬 많은 25시간을 휴식에 쓰고 있었다. 적게 쉰다든지 또는 쉬지 않는다는 것은 다른 한편 '몰입'이 낮아지고 물이 새듯이 시간을 허비하고 있다는 의미이다.

질문의 포인트는 얼마나 쉬는지가 아니라 '얼마나 몰입하는가?'이다. 우리 스스로에게 물어보자.

충분한 휴식은 더 높은 '몰입'을 위한 가장 좋은 방법이다. 전략적으로 휴식을 취하는 것이 성공으로 가는 길이다.

 핵심 치트키 Check!

- 지금 내가 하고 있는 일에 몰입시간과 휴식시간을 구분해서 계산해 보자.
- 일에 몰입하고 더 큰 성과를 내기 위해 의도적으로 휴식시간을 정해 쉬자.

무한도전 법칙

18

처음 시작한 건데 제대로 하고
시작해야죠!

'대표님, 처음부터 크게 시작하면 나중에 부담이 크실 텐데요.'

'아니에요, 이런 기회가 오는 것도 쉽지 않은데 처음부터 대박 내야죠!'

우리는 시작할 때 많은 기대와 함께 큰 투자를 하는 경우가 많다.

예를 들어 프랜차이즈 커피전문점을 시작하는 대표님들도 가진 돈을 최대한 끌어모아 모든 기기와 집기를 최신식으로 준비하고 앞으로 잘 될 것을 기원한다. 이는 다만 자영업에 한정된 것이 아니다. 스타트업이든 중소기업이든 새로운 최고급 노트북과 최신설비에 집중하지만, 이러한 것은 돈만 있으면 구할 수 있는 것이다. 여기에 우리의 노력과 정성은 반영되지 않는다.

하지만, 조금 다른 시각에서 접근해 보자. 우리가 이렇게 거금을 들여서 준비한 사업의 첫 시작이 운 좋게 대박이 난다고 하면 어떨까? 이 대박에 우리의 노력은 무엇일까?

물론 핫한 아이템을 잘 찾아 그만한 자금을 적시에 투입한 부분은 인정할 수 있겠다. 다만 제대로 된 아이템을 찾고 그 정도 자금을 운용할 수 있는 역량이 있다면 별개이다. 그렇지 않다면 이 대박은 우리의 '운'에 의존한 것이 아닐까? 그리고 그 운은 우리가 조정할 수 없는 영역이다. 앞으로 우리가 계속 대박 날 수 있는 근거는 운 말고 찾기 어렵다. 도박에서 "첫 끗발이 개 끗발이다"란 말이 있다. 처음 하는 도박에서 돈을 딴다면 과연 그건 내 능력일까? 마찬가지로 단지 운에 의한 것이다. 운에 의한 성공은 다음 성공을 약속하지 못한다. 그래서 사업 시작과 함께 오는 성공은 그다지 반가운 것이 아니다.

그렇다면 우리는 어떻게 사업을 진행해야 할까? '첫 끗발'에 기뻐하지 말고, 우리가 하는 과정에서 기쁨을 찾아야 한다.

예일대 폴 블룸 심리학교수는 '선량한 고통을 추구하라[10]'고 이야기하고 있다. 그에 의하면 진정한 행복은 쾌락과 역경 사이의 스윗스팟(Sweet Spot, 균형점)에 있다고 한다. 눈 덮인 한라산 진달래밭 대피소에서 먹는 뜨끈한 컵라면의 맛, 10km 마라톤을 완주하고 마시는 차가운 맥주의 그 맛⋯. 행복하기만 한 삶에서는 이런 진정한 행복의 맛을 느끼기 어렵다.

일론 머스크에게 인터뷰어가 이렇게 물었다.
"남들이 부러워하는 부자가 되었는데 멋진 해변에 누워 시원한 칵테일을 마시면서 유유자적하고 싶다는 생각을 가져본 적이 없나요?" 이

---

10) 폴 블룸, 『최선의 고통』, 알에이치코리아, 2022.

에 일론 머스크는 "아주 잠시는 좋겠죠. 하지만 그다음부터는 아마 너무 지루해서 미쳐버릴 거예요. 무언가 가치있는 일을 하는 편이 훨씬 행복합니다." 인간은 원래 만족을 모르는 동물이기도 하지만, 불행 중 행복이 찾아올 때 우리는 비로소 진정한 행복을 느끼고 이에 감사하게 된다.

힘든 과정에서 행복을 느끼는 인간의 특성에 대해 니체는 "살아야 할 이유가 있는 사람들은 거의 모든 어려움도 견딜 수 있다"라고 했다. 힘들지만 추억에 남는 경험이 편안하고 즐거운 경험보다 우세한 이유는 뇌가 쾌락만큼이나 의미를 추구하기 때문이다.

가난한 나라 사람들이 더 '삶에 의미를 느끼는 비중'이 높다는 것은 무엇을 의미할까? 빈곤이 단기적인 행복을 앗아가는 대신 장기적이고 고귀한 '삶의 목적'을 추구해서이다. 반면 생활 만족도가 높은 안전한 선진국 사람들일수록 목적의식 결여로 우울증에 걸릴 가능성이 높아진다고 한다.

인생과 사업은 단판 승부가 아니다.
『인피니트게임』의 저자 사이먼 시넥(Simon Sinek)은 인생을 '무한게임'에 비유하고 있다. 인생과 마찬가지로 사업도 똑같다. 무한게임에서는 이긴다는 개념이 없다. 성공과 실패가 마치 톱니바퀴같이 맞물려 돌아가는 것이 무한게임이다.

성공과 실패는 루틴과도 같다.

따라서 성공에 너무 기뻐하지도, 실패에 너무 슬퍼하지도 말자. 실제 몇 번의 성공과 몇 번의 실패가 가지는 가치는 우리가 생각하는 것만큼 크지 않다. 그것들이 보장하는 미래란 없다. 다만 '성공 경험'이 쌓이면서 다음 성공까지 가는 길을 조금 덜 힘들게 느끼게 될 것이다.

이를 저자는 '?!?의 법칙'으로 표현한다.

하나의 도전'?'을 하고 결과(성공 또는 답 '!')를 얻고, 또 도전'?'을 하는 과정이 바로 인생이자 비즈니스이다. 이 과정에서 우리는 '성공'이 아닌, 멋진 경험, 멋진 사람들, 멋진 영향력을 갖게 된다. 단지 '성공'하여 돈을 많이 모은 이들은 외로울 수 있지만, 이 과정을 즐기며 도전과 결과를 이어온 이들의 주변에는 많은 사람들이 모여 함께 멋진 시간을 보내면서 더 멋진 미래를 꿈꿀 수 있을 것이다.

단, 이 과정에서 실패했을 때는 우리의 마음은 우리가 생각하는 것보다 더 크게 힘들어하고 상처를 입을 것이다. 마치 다리가 부러졌을 때 더 열심히 뛰라고 하지 않듯이, 병원에서 휴식을 취하듯이, 실패로 마음이 다쳤을 때는 충분한 휴식을 취하자. 인지심리학자 김경일 교수에 의하면 마음이 다쳤을 때와 몸이 다쳤을 때 나오는 통증의 요소가 같다고 한다. 심지어 몸에 통증이 있을 때 먹는 약을 마음이 다쳤을 때 먹어도 효과가 있을 정도란다.

지금 시작하는 새로운 사업!

단시간에 무언가 눈에 보이는 대박을 꿈꾼다면 우리는 그 과정에서 얻을 수 있는 많은 것을 놓칠지도 모른다. 무한게임 속에서 사업이라는 도전이 주는 고통과 행복의 사이에 있는 스윗스팟을 느끼며 앞으로 한 걸음씩 나아가자.

핵심 치트키 Check!

- 지금의 성공과 실패에 모든 것이 결정되지 않는다.
- 성공과 실패가 이어지면서 결국 우리가 원하는 목표에 다다를 수 있다.
- 행복과 고통의 사이에 있는 스윗스팟을 느끼며 앞으로 나아가자.

전문가 네트워크 활용 법칙

컨설턴트라고 하는데 다 사기꾼 같아요

'이 컨설팅을 받으면 도와주실 수 있는 게 뭐가 있죠?'

'○대표님, 혹시 컨설팅 신청하시면서 도움받고 싶은 부분에 대해 생각해보신 것이 없으신가요?'

기관에서 진행하는 컨설팅을 위해 해당 업체를 찾아갔을 때 대표분으로부터 이런 질문을 받는 경우가 있다. 컨설팅으로 무엇을 도움받아야 할지 모르는 상태에서 컨설턴트에게 어떤 것을 도와줄 수 있는지에 대해 역으로 묻는 상황이다. 이런 케이스에서 컨설팅의 효과를 내는 것은 사실상 '미션 임파서블'에 가깝다. 물론 컨설팅을 처음 접하는 사업 초기 대표분들의 심정도 이해가 된다.

이럴 때는 컨설턴트에게 하는 질문을 바꿔보자.

"우리 회사는 요즘 ○○를 중점적으로 하고 있는데 ○○가 많이 문제입니다. 컨설턴트님 생각에는 어떻게 하는 것이 좋다고 생각하시나요?"

첫째, 먼저 우리의 처해있는 상황에 대해 이야기를 하자.

둘째, 우리를 이해시킨 다음 컨설턴트에게 도움을 요청해 보자.

우리를 제대로 모르는 컨설턴트가 무언가 묘수를 찾아 준다고 한다면 아마도 그 컨설턴트는 '사짜'에 가깝다. '경영지도사'라는 국가자격이 있지만 그렇다고 해서 사기꾼이 없지는 않다. 예를 들어 정부의 정책자금을 받아주는 대가로 수수료를 요구하거나 보험 가입을 강요한다면 제대로 된 컨설턴트로 보기 어렵다. 정부지원금이나 정책자금 추진과 같은 일에 있어서 컨설팅 대가로 정해진 보수 외에 추가 성공보수를 요구하는 것은 제3자 부당개입 금지와 같이 법률에서도 정해져 있는 불법사항이다.

세상에는 3가지 거짓말이 있다고 19세기 영국 총리였던 벤저민 디즈레일리는 말했다. 그럴듯한 거짓말, 새빨간 거짓말, 그리고 통계이다.

거짓말 중에 '통계'가 들어있다는 것에 동감하게 된다. 통계는 왜곡 가능한 작위성이 있다. 통계를 기반으로 한 분석을 '경영컨설턴트'들은 잘 활용한다. 주장하고자 하는 요지를 통계 분석을 기반으로 설명하기 때문이다. 그래서 한편으로는 컨설턴트가 우리에 대해 잘 알지도 못하면서 통계자료를 근거로 가치 없는 솔루션만을 제시하고 실행하지 않는 사기꾼으로 보이기도 한다.

컨설팅의 폐해를 언급할 때 빠지지 않는 사례가 바로 맥킨지의 'LG 스마트폰 시장 분석'이다. 실제 LG전자의 휴대폰 사업은 맥킨지에 의뢰한 컨설팅의 전과 후로 나뉜다고 할 정도이다.

2007년 애플 아이폰 등장에 긴장하던 LG는 무려 1,000억 원을 들여 맥킨지앤드컴퍼니에 스마트폰 시장에 대한 향후 성장 가능성을 분석 의뢰하였다. 그 결과는?

'찻잔 속 태풍'으로 예측한 맥킨지의 컨설팅 보고서로 당시 세계 휴대폰 시장 3위의 LG는 스마트폰에 대한 시장 대응에 소극적인 전략을 취하게 된다. 그 결과, 5년 후인 2012년에서야 겨우 스마트폰 '옵티머스'를 출시하였지만, 시장의 대세는 이미 애플과 삼성의 양강체제가 구축된 후였다. 결국 2021년 LG는 스마트폰 분야 누적 적자 5조 원을 기록하며 사업을 접게 되었다.

컨설팅을 극혐했다는 애플 스티브 잡스의 사례도 빠지지 않는다. 하지만 쫓겨났던 애플에 경영컨설턴트로 복귀하며 4억 달러 흑자를 내게 했다는 이야기는 또 다른 컨설팅에 대한 역설이기도 하다. 물론 이 덕분에 그는 애플의 CEO로 다시 복귀할 수 있었다.

그럼 컨설팅은 정말 도움이 안 되는 것일까?

'경영컨설턴트'인 저자 입장에서 이야기하자면 컨설팅은 사업을 운영하며 나 이외의 네트워크를 통해서 얻을 수 있는 다양한 인사이트의 하나로 활용하라는 것이다.

컨설팅을 하면서 우리가 처한 문제에 대해 직접적인 해결책을 찾는 것도 방법일 것이고, 컨설팅을 통한 메타인지에서 나 스스로를 제3자적 시각에서 되돌아보고 사업에서 놓친 부분을 찾을 수 있다면 그 역시도 가치 있는 일일 것이다.

컨설팅을 받으면서 즉각적이고 명확한 결과에 집착하지 않길 바란다. 내 비즈니스가 어려운 상황이라 하더라도 멀지만, 바른길로 가는 것이 순간의 자금 위기를 넘기기 위한 '정책자금'을 받는 것에 집중하는 것보다 훨씬 더 나은 것이다. 대다수 제대로 된 컨설턴트라면 여러분이 지금의 위기를 넘어 새로운 도전을 할 수 있도록 길을 찾는 것을 도와줄 것이다.

컨설턴트에게 가이드 받는 것이 부담스럽다면 비슷한 사업을 하는 업체 대표나 챗GPT 같은 AI인공지능에게라도 물어보고 활용하라. 제 3자의 시각에서, 내가 잘 모르는 부분에 대해, 고객의 관점에서 생각하고 이해하는 방법을 끊임없이 찾아 나가야 한다.

현역 컨설턴트로서 제대로 된 컨설팅 효과를 얻기 위한 팁을 아래와 같이 크게 3가지로 정리하였다.

첫째, 대표의 컨설팅 목표와 의지가 필요하다.
대표가 관심이 없는 컨설팅은 직원들도 관심이 없다. 겸손한 마음을 가지고 배우고 개선하고자 하는 의지를 갖자.

컨설팅을 하기 전에 목표를 설정해야 한다. 정한 목표를 컨설턴트와 킥오프미팅 때 설명하고 실제 진행 가능한 컨설팅 범위를 설정하자.

해결해야 할 문제의 해결책뿐만 아니라, 그 문제의 발생 원인에 대해서도 함께 고민하자. 그렇지 않으면 우리는 마치 고혈압인 상태로 순간순간 혈압을 낮춰주는 약만 찾는 게 된다. 그사이 우리의 몸은 점점 더 나빠질 것이다.

둘째, 대표를 포함한 회사 내 최고 인재의 참여가 필요하다.

컨설턴트는 타사의 사례와 경영 전문지식을 가진 가이드이다. 혼자서 모든 것을 할 수 없다.

대표, 임원, 담당부서가 함께 참여해야 한다. 참고로 직원들은 컨설팅TFT에 참여하는 것을 또 다른 일로 생각해서 꺼려하는 경향이 많다. 대표의 독려가 필수이다.

컨설턴트와 참여자들이 같이 의견을 내야 한다. 전략은 컨설턴트의 도움을 받아 우리의 머릿속에서 나와야 실행이 가능해 진다. 내가 참여하여 만든 전략이 가장 실행하고 싶은 전략이다.

셋째, 컨설팅 기간 내에 실행해야 한다.

컨설팅이 종료한 후에 실행하는 것은 정말 어렵다. 컨설팅 과정에서 실행 가능한 부분을 먼저 실천한다. 실천하며 발생하는 예기치 못한 문제를 컨설턴트와 상의해서 실행하자. 실행이 동반된 컨설팅은 컨설팅의 질을 훨씬 더 깊게 할 수 있다.

마지막으로 컨설팅 종료 후에도 지속적으로 컨설턴트에게 자문을 요청하자.

제대로 된 컨설턴트라면 해당 프로젝트가 끝난 것으로 모든 것이 끝났다고 생각하지 않는다. 컨설턴트는 자신이 참여한 컨설팅으로 해당 업체가 지금보다 더 나은 방향으로 가는 것이 최종목표이다. 그것을 위해 업체에서 컨설팅 결과를 바탕으로 실행하는 데 필요한 추가적인 조언은 컨설턴트 입장에서는 즐거운 일이다. 여러분이 연락해서 무언가를 물어본다고 해도 전문 컨설턴트라면 그다지 오랜 시간 연구할 필요 없이 바로 조언을 할 수 있을 것이다. 가벼운 마음으로 연락해 볼 것을 추천한다.

- 전문가 네트워크를 활용하기 위해서는 먼저 우리를 이해시키고 나서 도움을 요청하자.

전문가 활용 방법 팁
① 대표자의 컨설팅 목표와 의지가 가장 중요하다.
② 대표, 회사내 최고 인재가 컨설팅에 함께 참여해서 의견을 내자.
③ 컨설팅 기간 내에 어떻게든 전략을 실행하고 수정하자.

내가 아닌 고객이 사업의
시작이다!

명확한 메인 타겟 고객 설정

저희 제품은 전국 남녀노소 모두 타겟 고객이죠

'대표님, 우리 아이템을 찾을 가능성이 가장 높은 고객층은 어떤 사람들인가요?'

'저희 제품은 남녀노소 다 사용해도 좋다고들 하세요.

특별하게 타겟 고객층이 있다기보단 다 저희 타겟 고객이죠'.

컨설팅을 하면서 타겟 고객층에 대한 질문을 할 경우 이런 유형의 답변을 듣게 되는 경우가 많다. 물론 남녀노소 다양한 상황에서 우리 제품이 사용될 가능성은 있다. 하지만, 이렇게 될 경우에 우리 제품(서비스)은 '만병통치약'이 되어버린다.

아딸떡볶이와 죠스떡볶이를 생각해 보면, 같은 떡볶이 아이템이지만 과연 타겟 고객도 같을까?

메인 타겟 고객층이 여중생, 여고생인 아딸떡볶이의 경우 떡볶이 맛도 가능한 순한 맛으로, 음료도 탄산음료보단 주스를 사용했다. 왜 그랬을까? 아딸떡볶이의 이용자는 여중생, 여고생이지만, 구매자는 학부모이기 때문이다. 학부모에게 있어 길거리 불량식품인 떡볶이보다 좀더 안전한 먹거리를 아이들에게 먹이고 싶은 마음이 우선인 것을 아딸떡볶이는 솔루션으로 제시한 것이다.

그렇다면 죠스떡볶이의 타겟 고객은 누구일까? 바로 여대생! 그래서 죠스떡볶이는 여대 앞 상권에 가장 먼저 진출하였고, 자극적이고 치즈와 같은 다양한 토핑의 떡볶이를 메인 아이템으로 빠른 시간 내에 여대생들의 입맛을 사로잡았다.

같은 아이템도 타겟 고객을 누구로 하느냐에 따라 우리는 완전히 다른 솔루션과 시장진입전략을 수립하고 실행할 수 있다. 이러한 접근은 누구에게나 사랑받는 떡볶이보다 더 명확하게 '타겟 고객'의 마음 속에 자리 잡게 되고 떡볶이를 먹고 싶은 순간 머릿속에 떠오르는 '3가지 브랜드' 중 하나로 우리 브랜드가 떠오르게 된다.

그럼, 어떻게 타겟 고객을 찾을 수 있을까?

우리는 '페르소나(Persona)'라고 하는 방법을 활용해서 타겟 고객을 명확하게 도출할 수 있다.

페르소나는 우리의 제품이나 서비스를 사용하는 사용자 유형을 대표하는 가상의 고객이다. 우리 제품(서비스)에 대해 가장 열광할 사람, 가장 먼저 사고 싶어 할 사람이다.

페르소나를 만드는 방법은

① 우리 제품(서비스)를 가장 먼저 사고 싶어할 사람을 선정한다.

② 선정한 사람의 구체적인 (가상의) 인적 사항, 생활 패턴을 정리한다.

③ 선정한 사람이 우리 제품(서비스)과 유사한 경쟁제품을 이용할 때의 장단점을 정리한다.

④ 선정한 사람이 우리 제품(서비스)을 이용할 때 필요로 하는 것(니즈)을 정리한다.

⑤ 선정한 사람이 우리 제품(서비스)을 이용했을 때의 장단점을 정리한다.

위와 같은 방법으로 정리한 페르소나의 예를 한번 들어보자.

이 사례는 '게임센터'를 새롭게 런칭하는 업체에서 '페르소나'를 선정한 것이다.

Persona

Profile
- 김동원씨는 서울지역 대학교에 재학중인 2학년 대학생임. 아직 취직 걱정은 적으며 방과후 친구들과 농구 동아리를 즐김.
- 혼자 쉴때는 모바일게임(야구, 전투)을 주로함.
- 과친구들이나 동아리에서 모임을 가지면 보통 1차에서 음주 후 당구나 코인노래방에서 2차를 함.
- 주1회정도도 1~2시간정도의 2차를 가짐.
- 좀더 몸을 움직이고 경쟁할 거리를 찾지만 별로 없음.

User Problems
➤ 친구들과 만나서 재미있게 즐길 거리가 부족.
➤ 음주는 1차에서 적당히 하고 함께할 놀이가 필요.
➤ 비용은 인당 1~2만원 이내.

Personal Information
- 나이/성별: 21세/남
- 직장/직책: 대학생
- 전공/학년: 경영학과/2학년
- 월용돈: 50만원
- 거주자: 서울 신촌
- 좋아하는 운동: 농구, 야구.

Behaviors
- 여자친구 없음.
- 주로 남자친구들과 어울림.
- 활동적 성격.
- 호기심이 많은 얼리어답터.

Profile
- 이성준씨는 서울지역 고등학교에 재학중인 3학년 고등학생. 학교하교 후 학원 수업 및 독서실 자습 등 바쁜 스케쥴.
- 가끔씩 쉬는 시간이 날 경우, 혼자인 경우에는 셀때는 모바일게임(RPG)을 하고 친구들과 아케이드게임장을 주로 찾음.
- 학원시간 사이나 끝나고 이동하는 시간 등에 주로친구들과 함께 즐김.

User Problems
➤ 공부에 지친 스트레스를 한방에 날릴 신나는 놀이.
➤ 친구들과 함께 경쟁하면서 즐길수 있는 것 선호.
➤ 비용은 인당 0.5~1만원 이내.

Personal Information
- 나이/성별: 18세/남
- 직장/직책: 고등학생
- 전공/학년: 이과/3학년
- 월용돈: 30만원
- 거주자: 서울 강남구 대치동
- 좋아하는 운동: 야구.

Behaviors
- 여자친구 없음.
- 방과후 학원수업 많음.
- 자기중심적, 독립적 성격.
- IT에 관심이 많음.

페르소나를 선정하기 전에는 남녀노소 모두에게 즐거운 게임센터를 추구하였으나, 이 컨설팅을 통해 대학생층, 그리고 고등학생층을 주요 타겟층으로 재설정하였다. 그러자 타겟 고객이 기존에 게임센터 대용으로 어떤 서비스를 이용하고 있는지에 대한 것까지 명확하게 드러났다. 먼저 대학생층은 학교 공강시간에 도서관이나 '코노(코인노래방)'를 이용하는 케이스가 많다는 것을 조사를 통해 알 수 있었다. 이에 반해 고등학생의 경우 모바일게임이나 아케이드게임장을 이용하는 상황이었다.

타겟 고객을 명확히 함으로써 경쟁 서비스를 확인할 수 있었고, 경쟁 서비스가 가진 부족한 점을 중심으로 우리 서비스의 장점을 최대한 부각하는 방식으로 솔루션을 고도화시키며 시장진입전략을 수립할 수 있게 된다.

우리의 고객이 누구인지를 아는 것, 그것이 바로 시작이다.
그다음은 타겟 고객이 진정 원하는 건 무엇인지 알아가는 것이다.

예를 들어 무인키즈카페를 이용하는 사람이 원하는 것은 무엇일까?
지인맘과 함께 아이들과 즐거운 시간을 보내기 위해 찾은 무인키즈카페. 그런데 정작 2시간여 시간에 30분 이상을 아이들이 어질러 놓은 장난감을 정리하는 시간으로 허비한다면, 과연 그들은 다시 무인키즈카페를 찾고 싶을까? 이런 엄마들이 안고 있는 문제를 해결한다면 어떤 방법(솔루션)이 있을까?

평일의 경우 예약 일정에 여유가 있다면 청소 시간을 무료로 제공하는 서비스를 하는 것은 어떨까? 추가시간 제공과 형태는 동일하지만, 청소 시간이란 네이밍을 통해 엄마와 아이가 함께 정리하며 교육적 효과도 만들어 낼 수 있다면? 물론 이것은 하나의 아이디어일 뿐이다.

다만 이 솔루션은
① 타겟 고객을 명확히 하고(지인맘과 함께 오는 엄마),
② 타겟 고객의 문제점을 찾아(정리하는 데 시간을 허비),
③ 그 문제를 해결하는 솔루션(청소 시간 무료 제공)을 도출하였다.

이것이 기존 타 무인키즈카페에서 일반적으로 제공하는 '추가시간 제공'과의 차별성이다. 이러한 고객 중심적 마인드로 비즈니스를 운영하는 업체는 분명 '고객'이 알아보고 다시 찾게 된다.

우리의 타겟 고객이 누구인가에서부터 그들이 어떤 것을 원하는지, 우리는 어떻게 그 문제를 해결할 수 있는지 구체적인 방법이 나오게 된다.

핵심 치트키 Check!

모든 사람들이 다 우리 고객일 순 없다. 날카롭게 우리의 타겟 고객을 정하자.
① 우리 제품(서비스)을 가장 좋아할 타겟 고객을 구체적으로 정하고
② 그들이 지금 갖고 있는 문제점(또는 니즈)을 찾아서
③ 문제를 해결하는 방법(솔루션)을 만들어 고객에게 홍보하며 다가가자.

메인 타겟고객 전환 전략

20~30대로 고객층을 젊게 하고 싶어요

'지금 우리 샵은 40~50대가 거의 대부분이에요. 옆에는 20대도 많이 오던데, 특히 이쪽 상권은 요즘 새로 아파트가 재개발되서 30대 부부도 많아졌거든요. 어떻게 하면 20~30대가 많이 오게 할 수 있을까요?'

메인 고객층을 젊은 층으로 조정하고 싶어 하는 헤어샵 사장님의 컨설팅 요청사항이다.

한 헤어샵의 예를 들어보자. 새로운 신도시가 형성되어 30대 초반의 헤어디자이너가 호기롭게 거금을 투자해서 샵을 오픈한다. 정말 열심히 노력한 끝에 자리를 잡고 시간은 흐른다. 잘나가던 샵은 10년이 지나고 어느새 새로운 고객도 잘 찾아오지 않는 곳이 된다. 물론 멀리 이사하여도 다시 찾는 이들도 있다. 그래서 내 실력은 아직 괜찮구나 생각하게 된다. 그러는 사이 샵을 찾는 고객들은 10년 넘는 고정고객 위주로 매출은 300만 원이 안 되는 수준으로 떨어진다.

타 자영업 매장 대비 사업 운영 기간이 높은 편에 속하는 헤어샵이지만, 다른 한편 연매출 5,000만 원 미만에 대다수(67%)가 있을 정도로 운영에 어려움을 겪고 있다.

어떻게 하면 이 상황에서 벗어나 계속 젊은 고객이 유입되는 샵이 될 수 있을까?

먼저 우리의 사업을 아래의 체크리스트에 맞춰 생각해 보자.

① 우리 샵의 매출은 어떤 추이를 보이고 있나? 매출의 가장 비중이 높은 서비스 3가지는 무엇인가?

② 우리 샵을 찾는 신규고객은 어떻게 알고 오게 되었나?

③ 우리 샵은 나 이외에 누가 있으며, 각 멤버의 연령대는 어떻게 되나?

④ 우리 샵의 인테리어는 언제 바꾸었나? 아니면 우리 매장 개선을 위해 년에 얼마나 지출하고 있나?

⑤ 나를 포함한 우리 샵 멤버들은 새로운 헤어 기술 습득을 위해 얼마의 비용과 시간을 쓰고 있나?

⑥ 우리 샵의 홍보는 얼마나 하고 있고, 온라인 정보는 누가 얼마나 자주 관리하고 있나?

⑦ 우리 샵은 고객들을 어떻게 관리하고 있고 소통하고 있나? 온라인으로는 어떻게 소통하고 있나?

위의 체크리스트를 보면
①~③번은 현재 우리의 위치를 알 수 있는 지표이다.
④~⑤번은 계속 성장할 수 있는 노력의 정도를 알 수 있는 지표이다.

⑥~⑦번은 젊은 고객층을 확보할 수 있는 정도를 알 수 있는 지표이다.

여러분의 매장, 기업에도 동일하게 적용해보고 우리의 위치를 파악해 보길 권한다.

앞선 예로 돌아가면 이 헤어샵의 헤어디자이너 연령대는 50대 전후일 것이다. 고객 접점이 매우 높은 헤어샵의 특성상 고객이 느끼는 헤어샵의 나이는 헤어디자이너 나이의 영향을 받는 비중이 매우 높다. 따라서 종업원이 상대적으로 젊은 층이 아니라면 고객들은 이 헤어샵을 낡고 노후한 샵으로 인식할 것이다. 또한 이용 서비스가 최신 헤어스타일이 아니라면 더더군다나 젊은 신규고객이 유입될 가능성은 낮아진다.

이를 해소하기 위해서 우리가 노력해야 할 것은
첫째, 온오프라인에서의 우리샵에 대한 이미지 개선과 온라인 소통.
둘째, 젊은 고객층이 선호하는 스타일링 기법 습득.
셋째, 사장보다 젊은 종업원 채용이다.

이렇듯 젊은 고객층으로 메인 고객 전환을 하고자 하는 것은 다만 헤어샵만의 희망은 아닐 것이다. 우리가 잘 아는 명품 브랜드 '버버리'가 밀레니얼 세대를 타겟팅하여 디지털 혁신기업으로 변신했다는 뉴스를 접해 보았을 것이다. 동아비즈니스 리뷰[11] 기사에 의하면 160년 전통의 버버리가 '영 컴퍼니'로 거듭난 이유로 버버리 브랜드 구조를 단순 집중화시켜 정체성을 강화하고 버버리의 아이코닉 제품을 부활시켜 브랜드 특유의 기운을 창출시켰다. 그리고 자기 브랜드에 몰입된 직원들을 브랜드 앰버서더로 활용하며 밀레니얼 세대를 중심으로 타겟팅을 통해 전통 명가에 젊음의 코드를 주입시킨 결과라고 제시하고 있다.

버버리는 패션쇼와 동시에 동일 제품을 온라인에 판매하고, 아이패드를 활용해서 매장 내에 제품정보를 설명하고, 인스타그램, 카카오톡과 같은 SNS 플랫폼을 통해 20대 고객과의 소통을 이어갔다. 또한 버버리의 브랜드 정체성과 핵심가치를 재정립하여 기존 매출의 20%에 한정된 트렌치코트의 가능성을 확장시키며 고객들에게 타 브랜드와의 차별성을 확보하였다. 제품은 밀레니엄 세대의 개인주의적 소비 트렌드를 감안하여 개성을 표출할 수 있는 다양한 옵션을 제공하며 제품적으로 젊은 층의 니즈를 반영했다.

유명 명품 브랜드인 버버리의 이러한 노력과 앞서 언급한 헤어샵의 예, 과연 이 둘에게서 젊은 층을 공략하는 방법에서 차이를 크게 느끼는가? 큰 틀에서 많은 공통점을 갖고 있음을 알 수 있을 것이다.

---

11) 2016년 05월 200호

브랜드든 매장이든, 우리가 계속 새로운 고객을 만나며 성장하기 위해서는 우리 브랜드, 매장의 정체성에 최신 트렌드를 반영하고, 타겟 고객의 니즈에 맞게 온오프라인을 개선하고, 타겟 고객과 소통하며 브랜드를 최신화하는 것이다.

이러한 노력이 지속적으로 이뤄진다면 우리 브랜드는 계속 젊음을 유지하며 시장을 리드할 수 있다.

핵심 치트키 Check!

- 고객과의 접점, 브랜드 이미지, 온오프라인 노출 이미지, 기술적 요소가 우리 브랜드(제품, 매장)의 나이를 결정하고 고객의 연령대에 영향을 미친다.
- 계속 젊은 이미지로 브랜드를 관리하기 위해서는
  ① 우리 브랜드 이미지에 최신 트렌드를 반영하자.
  ② 젊은 고객층에 맞게 온오프라인 이미지를 최신화하자.
  ③ 타겟 고객층의 눈높이에 맞게 소통하자.

고객조사? 그런 것까지 해야 하나요?

'대표님, 이 아이템에 대한 고객 반응을 설문조사나 테스트를 통해 확인해 보셨나요?'

'아뇨, 설문조사 같은 경우에는 괜히 스타벅스 쿠폰 노리고 하는 사람들 때문에 별로 효과도 없다고 하고, 테스트는 우리 직원들이랑 같이 해봤어요.'

과연 우리는 이 정도 테스트를 통해 '고객조사'를 하고 얻을 수 있는 것들을 확인할 수 있을까?

달콤한 맛을 내세운 새로운 코카콜라는 소비자 사전 조사에서 기존 코카콜라보다 높은 블라인드 테스트 결과를 보여주었다. 그래서 내놓은 '뉴코크'의 결말은? 처참한 실패였다. 기존 고객에 대한 이해가 없는 상태에서 '조사' 결과에 모든 것을 맡기는 것은 문제가 있다. 단 한 번의 조사로 고객의 모든 것을 알 수 없는 한계를 우리는 '고객조사'를 하기에 앞서 주의할 필요가 있다.

그리고 '고객조사'란 표현에 부담감을 느끼는 사람도 있을 듯하다. 시험과 같은 의미로 받아들여 부정적인 이미지를 더 많이 느낄지도 모르겠다.

그럼 질문을 바꿔서

'우리 고객을 알기 위해 어떤 방법을 취하고 계신가요?'

우리는 여기서 '고객을 알기 위한 다양한 방법' = '고객조사'로 생각하자. 앞선 파트에서 우리는 고객을 얼마나 잘 이해하는지에 따라서 우리의 비즈니스 성패가 갈린다고 얘기하였다. 그럼, 고객을 아는 방법은 무엇인가?

고객을 만나는 고객조사 방법

① 인터뷰: 1:1 인터뷰, 1:다 인터뷰, 고객 다수를 대상으로 한 심층인터뷰(FGI)

② 설문조사: 오프라인 설문조사, 온라인 설문조사(구글폼, 네이버설문지 등 활용)

③ 테스트: 오프라인 고객 사용성 테스트, 온라인 고객 A/B 테스트(두 가지 디입으로 구분히여 고객의 선호 디입 획인) 등

프랜차이즈 음식점 브랜드 컨설팅에서 고객 설문조사를 진행한 적이 있다.

총 30개 내외 온라인 설문 문항을 중심으로 고객 기본 인적정보, 매장 이용 의견, 경쟁점 비교 의견, 자유 의견을 총 80여 명을 대상으로 진행하였다. 고객의 설문 참여 유도를 위해 스타벅스 캔커피 쿠폰(1,500원 상당)을 제공하였기에 추가 금전적 비용은 80명×1,500원=120,000원

이 소요되었다. 기간은 2주간, 각 매장을 대상으로 진행하였다.

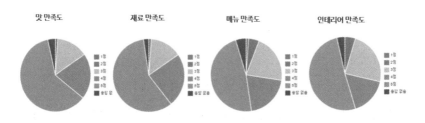

◆실제 온라인 설문조사 결과 사례

그 결과, 고객이 타 브랜드 대비 메뉴, 인테리어 요소보다 맛, 재료 요소에 대해 월등하게 긍정적 반응을 보이고 있음을 확인할 수 있었다. 실제 고객의 매장 방문 시 유입 경로를 확인하니 브랜드 인지도가 낮아 인근지역 방문 시 유입되는 경우가 많았으나 의외로 온라인 검색 및 추천 비중이 높음을 알 수 있었다. 또한 타 매장과 달리 1인 혼밥 고객과 가족 단위 고객 비중이 높다는 것을 확인했다.

그렇다면 우리는 이러한 고객 테스트를 통해 어떻게 활용할 수 있을까?

위의 사례를 기준으로 설명해 보자.

◈ 중점 홍보 요소:

① 주요 메인 고객인 40대 여성(설문조사 인적사항으로 확인)의 가족을 위한 선택이라는 컨셉 설정.
② 맛, 재료의 차별성을 중심으로 온오프라인 콘텐츠 제작, 노출.

◈ 노출 채널:

온라인 검색사이트(네이버, 구글) 매장정보 관리 및 고객유입 콘텐츠(쿠폰 외) 제공.

어떠한가? 이 프랜차이즈 브랜드는 2주간의 간단한 설문으로 모호하게 생각하고 있던 메인 고객층을 확인할 수 있었다. 또한 고객이 생각하는 우리의 차별적 요소, 고객이 어떻게 우리 매장을 찾아오고 있는지, 어떤 상황에서 우리 매장을 선호하는지 등등 우리가 앞으로 어떤 부분을 더욱 집중해서 차별성을 강화하고 대외적으로 노출할지 알 수 있게 되었다.

물론, 이 고객 테스트 한 번만으로 우리 고객외 모든 것을 알게 되었다고 할 수는 없다. 다만, 이러한 고객 테스트 과정이 앞으로 지속적으로 이뤄진다면 우리는 지금보다 조금 더 고객 옆으로 다가갈 수 있을 것이다.

고객 입장에선 어떨까? 이런 고객 테스트가 귀찮을까? 고객 테스트 하는 브랜드가 너무 마케팅적으로 비춰질까? 아니다. 지금의 고객은 브랜드에 자신의 목소리를 내고 싶어 한다. 고객들이 방문자 리뷰, 사용자 리뷰, 구매자 리뷰를 온라인에 올리는 이유가 그저 단순히 포인트나 쿠폰을 위한 것이 아니다. 이러한 참여를 통해 브랜드가 개선하길 원하고, 또한 다른 이용자나 구매자가 좀 더 나은 판단을 할 수 있게 하기 위한 고객들의 노력이다. 이런 측면에서 고객 테스트를 실시하는 브랜드는 고객에게 있어 매력적인 브랜드로 자리매김한다. 고객의 의견을 듣고 더 나아지기 위한 노력으로 이해한다.

따라서 위의 사례와 같이 설문조사를 한다면, 그것으로 끝내지 말자. 사전 개인정보 동의를 한 고객 중 의견 피드백이 우수한 고객을 중심으로 앞서 언급한 인터뷰[12]를 하거나 별도 고객그룹으로 신제품에 대한 시식회 초대, 블로그체험단으로의 활용 등도 생각해 볼 수 있다.

고객 조사, 절대로 어렵지 않다. 그리고 효과는 강력하다.

다만, 우리가 고객의 곁으로 다가가고자 하는 마음은 있으나 그 방법을 잘 모르기 때문에 어려워할 뿐이다.

 핵심 치트키 Check!

- 온라인 설문조사나 충성고객 인터뷰는 손쉽게 진행할 수 있으며 우리가 몰랐던 고객의 반응을 확인하는 효율적인 방법으로 비용도 저렴하다.
- 직접 진행하는 고객 테스트를 통해 어떤 부분을 더욱 중점적으로 홍보해야 할지, 어떤 채널로 더 집중해서 노출해야 할지와 같은 효과적인 방법을 찾을 수 있다.

---

12) 다수 고객이 함께 진행하는 인터뷰, FGI: Focus Group Interview

블랙컨슈머 대응 전략

23 고객의 요구 어디까지 들어줘야 하나요?

컨설턴트 역량 강화 세미나에서 어느 자영업 대표자분께서 발표한 내용 중의 하나를 소개하고자 한다.

"제가 고깃집을 운영하고 있어요. 꽤 괜찮게 손님들도 찾아주시고 나름 지역 내 맛집으로 인정받고 있어서 뿌듯하기도 합니다.

근데 말이죠, 가끔 정말 말도 안 되는 손님들이 오는 경우가 있어요. 예를 들어 식사 다 마치고 가신 분이 5분 있다가 돌아와서 자기 차가 견인되었다고 어쩔 거냐 하시는 거예요. 그래서 저희 발렛파킹하는 사람한테 차를 맡겼냐고 했더니 그건 아니래요. 그럼 어쩌다가 차를 견인당하셨냐고 했더니 자기가 알아서 빈 공간에 주차했다는 거예요. 물론 거긴 불법주차 단속 지역이었죠. 이런 상황이었는데도 손님은 막무가내로 항의하시는데 이럴 땐 어떻게 해야 하죠? 컨설턴트님들!! 정말 미치고 환장할 노릇인 경우가 한두 번이 아니네요. 정말 장사 힘들어요."

'블랙컨슈머(Black Consumer)' 문제는 우리가 어떤 비즈니스를 하더라도 맞닥뜨려지는 문제 중의 하나이다. 이는 단지 해결해야 하는 문제일

뿐만 아니라 운영하는 대표와 종업원의 마음을 다치게 하고 사기를 저하시키는 원인이 될 수 있다. 그렇다면 위의 사례와 같은 경우, 우리는 과연 어느 정도까지 참고 대응해야 할까?

'저희 매장에서 식사를 하시는 도중에 견인을 당하셨어요?

가족분들과 같이 즐겁게 식사하러 오셨는데 이런 일이 생기다니 얼마나 놀라고 황당하셨겠어요(고객의 상황에 대한 공감).

그래서 저희도 이렇게 견인 당하는 것을 예방하기 위해서 별도로 발렛파킹 서비스를 운영하고 있어요(매장의 시스템 설명).

저희 발렛파킹 서비스를 이용하지는 않으셨지만 그래도 저희 매장에서 즐겁게 식사하시다가 이런 일을 당하셨는데 저희로서도 최소한의 마음을 표하고 싶네요. 다음번에 저희 매장을 찾아오시면 사용하실 수 있는 상품권이라도 드렸으면 하는 게 저희 마음입니다.(지원 필요사항에 대한 대안 제시)'

물론 이 정도 대응에도 다짜고짜 난리를 치면서 무조건 물어내라고 하는 경우도 있을 것이다. 다만 우리의 기준 하에서 고객을 진정시키고 대안 제시를 통해 고객이 수긍할 수 있는 범위를 제시하는 것은 같이 흥분하는 것보다 나은 방법이 될 것이다. 이렇듯 블랙컨슈머 대응은 고객에 대한 공감, 우리의 기준 설명, 대안 제시의 프로세스로 이뤄진다. 이 책에서는 블랙컨슈머를 어떻게 대응해야 할지보다는 고객을 대하는 우리의 자세에 대해 추가적으로 설명하고자 한다.

블랙컨슈머의 비중은 운영하는 사업 형태 등에 따라 달라질 수 있지만 대체적으로 1% 미만이라고 할 수 있다. 클레임이 많은 분야 중 하나인 금융사 설문조사 결과 전체 클레임 중 블랙컨슈머 비중은 9% 내외였다고 한다. 2018~2022년 평균 고객 10만 명당 민원 건수가 연평균 5% 내외[13]인 점을 감안하면

9%×5% = 블랙컨슈머 민원 비중 0.45%로 역시 1% 미만인 것을 확인할 수 있다. 즉, 모든 고객이 다 블랙컨슈머가 아니란 것이다.

그렇다면 우리에게 있어 중요한 것은 고객을 대하는 우리의 자세, 그리고 이를 기반으로 진행되는 우리의 대응이다. 우리는 고객을 어떠한 자세로 대응해야 할까? 우리의 제품(서비스)을 구매하여 이용하는 고객이 이용하는 과정의 전후에 생긴 문제에 대해서 우리는 어떻게 대응해야 할까?

우리가 고객 유입을 위해 홍보를 하고, 서비스를 받는 고객이 최상의 컨디션으로 이용하도록 도와주고, 사용 전후의 불만을 최소화하도록 대응하는 것, 그리고 다시 제품을 이용하거나 바이럴할 수 있도록 환경을 조성하는 것 모두에서 고객을 대하는 우리의 적극적인 자세를 필요로 한다. 따라서 최악의 블랙컨슈머 한 명을 대응하는 것은 우리에게 크게 중요하지 않다. 하지만 우리의 고객이 앞서 말한 것과 같이 우리 제품을 만나는 단계에서부터 이용이 끝나는 단계까지 즐겁게 고객이 원하는 바를 이룰 수 있도록 우리가 어떻게 서포트할지에 대해 우리는 고민하고 대응해야 한다.

---

13) 금융감독원, 2023년 최근 5년간 주요 은행 민원 현황 실태조사 기준

예를 들어 온라인쇼핑에서 상품을 판매한다고 가정해 보자.

고객들은 처음 보는 우리 브랜드에 대해 신뢰하기 어려울 것이다. 이러한 고객의 상황을 이해해서 제시 가능한 것이 '100% 품질보증, 무료환불'일 것이다. 실제로 '무신사'의 경우에도 초기 시장진입 당시에 이 정책을 통해 초기 고객을 유입하고 반응을 얻을 수 있었다.

고객을 더 많이 유입하고자 하는 우리의 문제가 아닌, 우리 브랜드에 대한 신뢰도가 낮은 신규고객에게 우리를 선택하기 쉽도록 하는 방법인 것이다.

이와 같이 블랙컨슈머를 포함한 고객의 대응은

우리의 문제(블랙컨슈머를 어떻게 대응해야 하는가)가 아닌 고객의 문제(우리 제품을 사용하며 겪는 직간접적 문제)에 대해 우리가 어떻게 대응해야 하는가로 접근하고 해결하는 방법을 찾도록 하자.

블랙컨슈머도 자기들이 얼마나 무리한 요구를 하는지 잘 안다. 그리고 잘 대응할 경우, 화이트컨슈머로 될 수 있는 여지가 있다는 점을 잊지 말자.

핵심 치트키 Check!

- 1% 내외 블랙컨슈머 대응의 기본은 우리가 고객을 어떻게 생각하느냐에서 시작한다.
- 우리 서비스를 받는 동안 고객이 겪을 수 있는 문제에 대해 어떻게 도와줄 수 있을지 생각하자.
- 블랙컨슈머에겐
  ① 고객의 상황에 대해서 공감하고
  ② 브랜드(매장)의 시스템에 대해 설명하고
  ③ 지원 가능한 부분에 대해 대안을 제시하자

우리 고객분들은 만족한다고 하세요

'우리 고객분들은 써보고 다 좋다고 그래요…'

고객분들이 우리 제품뿐만 아니라 우리의 서비스, 브랜드에 대해 어떻게 생각하는지, 어떤 부분에서 이용에 불편을 느끼는지 알고 있는가? 우리가 고객 피드백 데이터에서 고객의 목소리를 제대로 알 수 있는 방법으로 '순수 추천고객 지수(Net Promoter Score, NPS)'가 있다.

우리 제품(서비스)을 지인에게 추천할지 여부를 0에서 최고점수 10점까지의 범위에서 피드백을 받는 것으로 이중 추천 고객은 9~10점, 비추천 고객은 0~6점으로 계산해서 전체 고객 대비 추천 고객수에서 비추천 고객수를 제외하여 계산한 %가 바로 우리의 순수 추천 고객 비중이 된다.

예를 들어 총 100명 고객 중 9~10점 40명, 0~6점 20명이라면 (40명-20명)/100명×100%=20% 가 된다.

6점도 좋은 거 아닌가요?

아니다. 심지어 8점도 우리에게 있어 충성고객이 될 가능성은 매우 낮다고 봐야 한다. NPS가 20%는 넘어야 긍정적인 것으로 평가한다. 그래서 우리는 고객의 피드백을 확인하고 하나씩 개선해 나가야 한다. 그렇다면 우리는 그러한 부분들을 어떻게 개선하고 있는가?

스칸디나비아항공의 얀 칼슨 대표는 기업이 고객과 만나는 첫 15초 동안이 고객을 고정고객으로 만들 수 있는가를 결정하는 '진실의 순간 (MOT: Moment of Truth)'이라고 하였다. 스페인의 투우사가 투우경기에서 마지막으로 소의 급소를 검으로 찌르는 순간을 뜻하는 표현이기도 한 '진실의 순간'.

얀 칼슨은 직원들이 고객을 만나는 순간의 응대, 비행기에 탑승 전부터 탑승하고 나서 느끼는 각 장면에서 고객의 만족을 이끌어낼 수 있도록 운영하는 것이 필요하다고 역설한다. 이러한 현장에서의 고객 만족 경영을 추진한 스칸디나비아항공은 1년 만에 800만 달러 적자에서 7,100만 달러 이익의 기업으로 바뀌었다.

이것을 우리는 '고객 여정 지도(Customer Journey Map)'라는 프레임으로 고객과 우리의 접점 각 단계별로 고객이 느끼는 만족 불만족으로 파악하고 개선 방법을 도출할 수 있다.

◆ 고객이 상품 구매를 위해 매장을 방문하면서 하는 단계별
   행동

① 검색: 고객이 우리 제품(브랜드, 매장, 앱)를 찾는 과정
② 접근: 고객이 우리 매장을 방문, 초기 대응 및 구매 유도하는 과정
③ 구매: 고객이 우리 제품을 선택하고 구매하는 과정

④ 수령/사용: 고객이 우리 제품을 사용하는 과정

⑤ 사용 후: 고객이 우리 제품을 사용하고 만족/불만족을 느끼는 과정(바이럴 과정 포함)

이렇게 5단계로 구분해서 생각해 볼 수 있을 것이다. 이 단계별 과정에서 고객은 우리에 대해 판단하고 각 단계별로 만족/불만족을 느끼며 고정고객이 될지 여부를 판단할 것이다. 따라서 각 단계별로 우리 고객이 느끼는 감정을 파악하고 이에 대해 우리의 부족한 부분이 어떤 부분인지, 그리고 바로 보완할지 아니면 시간을 들여 점진적으로 개선해야 할지에 대해 정리하고 실행할 필요가 있다.

그렇다면 온라인 환경에서는 어떨까? 연구 결과에 의하면 온라인마케팅에서는 첫 7초가 중요하다고 한다. 고객이 앱(또는 웹)에 접속해 들어온 후 7초 이내에 고객은 서비스에 대한 가능성을 판단하고 계속 접속할지 나갈지를 결정하게 된다는 것이다. 이를 위해 우리는 랜딩페이지를 고객에게 기대감을 부여하면서 구매 고객으로 전환할 수 있도록 단계별로 고객 유입 전략을 활용할 수 있을 것이다.

다음의 표를 보자.

온라인에 노출된 우리의 콘텐츠(또는 광고)를 보고 관심을 가진 고객이 클릭을 하게 된다. 이 고객들이 링크를 통해 들어오는 곳이 '랜딩페이지'이다. 랜딩페이지는 히어로섹션, 디테일섹션, 액션유도 파트로 나눌 수 있다.

첫째, 가장 먼저 노출되는 것은 고객이 클릭하게 된 바로 그 제품(또는 제안) 정보를 제공하는 것, 그러고 나서 해야 할 것은 우리 브랜드의 차별화 요소이다. 이를 통해 우리 브랜드에 대한 스토리텔링을 고객에게 전달함으로써 우리에 대한 관심을 강화시킬 수 있다.

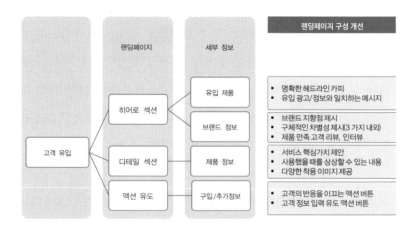

둘째, 이러한 히어로섹션 파트 다음으로 제품에 대한 상세 정보를 제공한다(디테일 섹션).

셋째, 마지막은 고객이 구매를 결정할 수 있도록, 또는 다음 우리가 원하는 액션을 할 수 있도록 유도하는 액션 유도 파트이다. 여기에서는 다음 액션인 홈페이지 방문, 앱 다운로드, 구매, 개인정보 등록 등을 위한 제안(할인, 포인트 증정, 정보 제공 등)을 하여 고객이 이탈되지 않고 액션을 취할 수 있게 유도하는 것이 필요하다.

구매 유도가 목적인 업체와 처음부터 끝까지 고객이 갖고 있는 문제를 해결해 주려는 업체의 차이는 누구보다도 고객이 더 잘 알고 있다.

왜냐하면 고객은 우리와 비슷한 업체의 서비스를 우리보다 더 많이 경험해 본 사람들이기 때문이다.

그래서 고객은 '천재'이다.

'천재'인 고객을 대하는 방법, 그것은 우리와 접하는 모든 순간을 '진실의 순간'으로 생각하고 하나씩 지금보다 더 낫도록 하는 것이다.

핵심 치트키 Check!

- 우리의 고객들은 우리의 제품(서비스)을 만나는 처음부터 끝까지 우리를 경험하고 평가한다(진실의 순간, MOT).
- 고객이 경험하는 순간을 '고객 여정 지도'로 구분해서 우리의 서비스를 보완할 수 있다.
- 고객 여정 지도는 검색-접근-구매-사용-사용 후의 단계로 구분할 수 있다.
- 각 단계별로 우리의 고객들이 어떻게 느끼는지 확인하고 개선하자.

트렌드 기반 사업전략

이 사업하는데 세상 돌아가는 게 연관이 있나요?

'대표님, 최근 트렌드인 1인 가구 증가와 관련해서 대응하고 계신 아이템이 있으신가요?'

'아뇨, 저희 쪽에서는 1인 가구 늘어나는 것과는 별 영향이 없는 거 같아요. 고객분들도 예전과 그다지 차이도 없구요. 기존에 하던 대로 좀 더 노력해야 할 것 같아요.'

우리의 비즈니스는 트렌드에 얼마나 영향을 받고 있을까?

김난도 교수의 『트렌드 코리아』는 매년 말 발간(2009년부터 현재까지)되어 다음 해의 트렌드를 미리 알아볼 수 있게 하고 있다. 생활과 사회 곳곳에 영향을 미치는 것이 바로 트렌드이다. 트렌드란 갑자기 나타나는 것은 아니라 지금까지 쌓여오는 방향의 추세라고 할 수 있다. 지금까지의 변화의 흐름이 더욱 강화되는 모습으로 앞으로 우리에게 영향을 줄 것이다.

이러한 트렌드의 변화에 우리가 얼마나 영향을 받게 되는지 생각해 봐야 하지 않을까?

동아비즈니스 리뷰에서 2024년 10대 경영키워드를 선정한 것을 보면 건강과 아름다움과 관련한 키워드가 3개나 뽑혔다.

① 뉴바바리안: 불황기에 개인의 매력을 높이는 외모 가꾸기 트렌드.
② 제프디(Zero, Free, De-influencing): 건강에 나쁜 재료를 피하는 슈거프리 제품 선호 트렌드(제로콜라 등).
③ 헬스 어딕션: 소비자들의 중독적 행동을 건강한 방향으로 유도하는 트렌드.

위의 3가지 키워드는 웰니스(웰빙+행복+건강) 트렌드의 반증이라고도 할 수 있다.

쉽게 우리가 느낄 수 있는 예로 편의점 콜라 중 제로콜라의 판매 비중이 50%를 넘어섰다고 한다. 웰니스와 결을 같이하는 '헬시플레저(Heathy Pleasure, 즐겁게 하는 건강관리)'로 MZ세대를 중심으로 제로음료에 열광하는 이유이다. 그럼에도 불구하고 우리 매장에 콜라가 일반 콜라밖에 없다면 어떻게 될까?

트렌드를 포함해 변화의 흐름 사이클 정도에 따라 아래와 같이 구분할 수 있다.

① 패드(Fad): 6개월~1년 정도 유행(예: 탕후루).
② 트렌드(Trend): 5~10년 정도의 변화 흐름. 시장의 변화에 영향을 주며 사람의 심리적 동기가 작용.
③ 메가 트렌드(Mega Trend): 20~30년 정도의 변화 흐름. 사회 문화적 변화 흐름.
④ 메타 트렌드(Meta Trend): 자연생태계 변화와 같이 긴 시간에 걸쳐 이뤄지는 변화 흐름.

이러한 세상의 변화를 파악해 전략을 짜는 방법으로 FTM분석 (Fad-Trend-Megatrend)을 활용하기도 한다. FTM을 PEST분석(Politics, Economy, Society, Technology의 약자로 정치, 경제, 사회, 기술을 기반의 분석기법)과 연계해서 우리의 방향성을 찾는 것이다.

메가 트렌드와 함께 우리가 생각해야 할 개념이 바로 '전략적 변곡점'이다. 인텔의 CEO 앤디 그로브가 처음으로 언급한 '전략적 변곡점[14]'은 기업의 생존과 번영을 결정짓는 근본적인 변화가 일어나는 시점을 가리킨다. 지금 우리는 전략적 변곡점의 순간에 와있는 것은 아닌지 주변을 돌아보고 트렌드의 변화에 귀 기울여야 한다.

지금은 어떤 트렌드가 우리의 사업에 있어 '전략적 변곡점'이 될 것인가?

AI 인공지능, 1인 가구의 증가, 고령화사회로의 전환, 장기 경기침체, 개인화 등, 그중에서도 최근에 가장 큰 변화는 AI라고 할 수 있다.

캐나다 토론토대 로트만경영대학원 아제이 아그라왈(Ajay Agrawal) 교수는 "챗GPT를 필두로 한 AI 인공지능이 '예측'을 하는데 소요되는 비용을 획기적으로 줄이게 된다"라고 한다. 이는 무엇을 의미할까?

더 많은 데이터로 더 싸게 AI를 활용해서 분석하고 예측하게 된다. 자동차 운전이 AI를 이용한 '예측'의 문제가 되어가고 있듯이, 우리의 비즈니스 역시 '예측'의 범위에 들어갈 날이 그리 멀지 않았다고 할 수

---

14) SIP, Strategic Inflection Point

있다. 이런 외부환경의 변화에 우리는 지속적으로 관찰하고 민감하게 반응해야 한다.

챗GPT는 거대언어모델(LLM, Large Language Model) 기반 서비스이다. 그다음은 무엇일까? 소형 거대언어모델(sLLM, small Large Language Model)로 우리는 조만간 '워런 버핏 버전 챗GPT'나 '맥킨지 버전 챗GPT'로 저렴한 가격에 세계 최고 수준의 투자 조언과 컨설팅을 받을 수 있게 될 것이다. 또한 거대행동모델(LBM, Large Behavior Model)에 기반한 로봇이 인간의 육체적 활동을 쉽게 하는 순간이 그리 머지않은 미래에 실현될 것이다. 테슬라의 휴머노이드 로봇 '옵티머스'는 이미 사람의 손동작과 유사한 수준까지 개발되었다.

최근 컨설팅 현장에서는 기업에서 진행하는 사업에 대해 챗GPT를 활용해 시장분석을 하거나, 고객 세분화를 하고 마케팅전략에 대한 가이드를 받는 경우도 종종 확인하게 된다. 이렇게 변화하는 시대환경 속에서 챗GPT와 같은 AI를 활용하는 기업과 그렇지 않은 기업의 차이는 앞으로 점점 더 클 것이다. 물론 아직 완벽한 수준의 솔루션을 AI가 제공하지는 못하고 있다. 사람이 결과물에 대해 참고하는 수준에 머무르고 있는 것도 사실이다. 하지만, 이 흐름이 단순한 패드가 아닌 메가 트렌드임은 확실하며 AI의 성능은 우리가 생각하는 것보다 훨씬 빠르게 개선될 것이다. 일본 소프트뱅크의 손 마사요시(한국명 손정의) 회장은 20년 후에는 AI가 인간이라면 인간은 지금의 챔팬지 정도의 사고능력을 가진 수준이 되리라고 예측하기도 했다.

우리가 안개 낀 산길에서 한 발 더 앞으로 나아가는데 있어 '트렌드의 흐름'은 소중한 등불이 되어 줄 것이다. 이 안갯길을 트렌드라는 등불로 가다보면 다른 이들보다 먼저 '기회'를 찾을 수 있게 된다.

찾은 '기회'를 활용해서 행동에 옮긴다면 우리는 좀 더 깊은 산속으로 들어갈 수 있을 것이고 계속 성공의 기회를 만나게 될 것이다.

핵심 치트키 Check!

- 트렌드는 우리의 사업에 영향을 미치는 중요한 외부환경 요소이다.
- 외부환경 변화는 영향을 미치는 기간을 기준으로 패드, 트렌드, 메가 트렌드, 메타 트렌드로 구분할 수 있다.
- 우리가 사업을 하는데 있어 기업의 생존과 번영을 결정하는 근본적인 외부적 변화가 일어나는 시점인 전략적 변곡점이 무엇인지 트렌드를 읽고 대응해 나가자.

문제 있어서 연락오면 적극적으로 대응하고 있어요

'대표님, 제품에 대한 고객 반응은 어떤가요?'

'네, 아주 만족스러워들 하세요. 그런데 요즘 경기가 안 좋아서 그런가 추가 주문으로 이어지지 않는 게 문제네요.'

'그럼 기존 고객분들과는 어떻게 소통하고 계세요?'

'소통이요? 소통이랄 거까진 없고요, 문제 있을 때는 연락주시기 때문에 적극적으로 애프터서비스를 해드리고 있죠.'

많이 들어본 이론 중에 '파레토의 법칙(2:8법칙)'이라고 있다. 20%의 고객이 80%의 매출을 올린다는 것이다. 실제 미국의 연구결과에 의하면 헤비유저로 수익 창출에 직접적인 영향을 미치는 충성고객인 슈퍼컨슈머는 고객의 10% 내외 비중이지만 업체에 따라 매출의 최대 70%나 된다고 한다. 게다가 수익 비중은 매출 비중보다 높은 경향을 보이기까지 한다니 슈퍼컨슈머에 대한 관리가 무엇보다 중요하다. 그렇다면 어떻게 우리의 고객들을 슈퍼컨슈머로 만들 수 있을까?

여기서 생각해 볼 것이 바로 '고객 성공(Customer Success)' 개념이다. 이전에는 고객이 제품 고장과 같은 클레임을 제기할 때 서비스를 하는 고객 서포트의 개념이 중요했다. 하지만 지금은 구독형 서비스를 중심으로 한 번 구매하고 끝나는 것이 아니라 구매 후에도 지속적으로 고객이 우리의 서비스를 이용하게 하는 것이 무엇보다 중요해지고 있다. 이에 고객의 니즈를 서포트하는 우리의 활동이 '고객 성공관리'이다.

한 번의 구매가 아닌 지속적으로 우리의 제품(서비스)을 구매하고 이용하는 것은 고객 입장에서는 '고객이 해결해야 할 일(Job To Be Done)'을 한 번에 그치는 것이 아니라 계속해서 우리 제품을 사용하며 지금보다 더 나은 상황으로 만든다는 의미이기도 하다. 따라서 우리의 목표가 일회성 판매가 아닌 Job To Be Done을 할 수 있도록 적극적으로 가이드하는 '고객 성공'이어야 한다.

◈ 고객 성공을 적극적으로 지원하게 될 경우

- SNS의 발달로 우리 기업에 대한 긍정적 반응 확산이 빠르게 이뤄지는 점 외에도 고객 성공을 위한 각 고객별로 커스터마이징하여 업셀링, 크로스셀링[15]과 같은 제안을 통한 고객의 객단가 인상이라는 효과까지도 얻을 수 있게 된다.
- 고객에게 있어서는 제품을 통한 고객 성공 경험을 확대하게 되어 만족도가 높아지며 고객평생가치(LTV, Life Time Value)가 증가되어 매출과 수익의 증가로 이어지게 된다.

---

15) Up-Selling, 기존 고객이 상위서비스를 구매하게 하는 것, Cross-Selling, 기존 고객이 구매한 상품과 연관된 다른 상품을 추가 구매하도록 유도하는 것.

고객에게 제품을 판매하는 것은 끝이 아니라 고객과의 관계가 시작되는 것을 의미하는 것이다.

이는 B2C(Business to Customer)에 있어서는 생소할 수 있으나 다른 한편 B2B(Business to Business)에서는 커스터마이징 서비스로 대상 고객 업체와의 지속적인 관계 형성을 추구한다는 점을 감안한다면 B2B마케팅의 B2C버전으로서 '고객 성공'을 생각할 수 있다. 단, B2C의 다양한 고객을 커스터마이징 하기 위해 오프라인이 아닌 온라인 시스템 기반의 '고객 성공'을 위한 인게이지먼트라는 측면에서 차이점이 있을 뿐이다.

예를 들어 피부관리샵에서 이용고객들의 개인정보를 바탕으로 온라인 채널을 활용해서 각 개인에 맞는 피부관리 팁을 전달하고 주기적인 피부케어 안내 메시지를 제공하는 것 역시도 피부관리라고 하는 '고객 성공'을 위한 액션이다. 이는 물론 슈퍼컨슈머로 만드는 활동이자 고객 인게이지먼트의 일환이 된다. 고객 인게이지먼트는 기업과 고객이 관계를 구축하고 유지하기 위한 활동으로 고객과 연결된 모든 활동을 의미한다.

고객의 슈퍼컨슈머화와 함께 우리가 풀어야 할 숙제가 바로 '체리피커(Cherry Picker)' 문제일 것이다. 충성고객으로 전환되지 않으면서 우리가 제공하는 혜택만 취하는 체리피커 고객을 어떻게 관리해야 할지에 대해 최근 이용이 늘어나고 있는 스트리밍 서비스 사례[16]를 통해 알아보자.

넷플릭스와 같은 구독형 스트리밍 서비스에서는 몰아보기 후에 해지와 재가입을 반복하는 '체리피커' 연쇄 이탈자(2년 내 3개 이상 서비스 해지 이력 고객)는 미국에서만도 전체의 약 16%인 1,800만 명(2022년 기준)에 달한다고 한다.

◆ 연쇄 이탈자를 붙잡기 위한 전략

① 매력적인 가격을 제안하라.

GBB전략(Good-Better-Best). 광고가 포함된 넷플릭스의 저가 요금제 사례에서 알 수 있듯 체리피커가 가입을 유지할 수 있도록 진입장벽을 낮춰보자.

② 계속 가입 유도하는 프로그램을 늘려라.

라이브 스포츠, 스포츠 리그 중계 등을 통해 비주기적 또는 장기적인 가입을 유도하는 것이 가능해진다. 체중 감량, 식습관 개선과 같은 장기적인 인게이지먼트 시리즈(넷플릭스의 나이키 트레이닝 클럽 운동 프로그램)가 예이다.

③ 프리미엄 번들로 쉽게 해지하기 어렵게 만들어라.

다양한 서비스를 번들 형태로 묶어 할인가격으로 제공하는 방법이다. 일부 서비스 단독 계약 시 이탈률 대비 높은 유지율을 보인다고 한다(애플 원 이탈률 3%, 애플TV 단독 8%, 2023년 4월 기준).

---

16) 「슈퍼컨슈머」, 에디 윤 외, HBR 2023 Issue 6

고객 인게이지먼트에 기반한 고객 성공관리, 그리고 이를 통해 체리 피커 고객들을 우리 고객으로 만들고 슈퍼컨슈머를 키운다면 우리의 고객층은 점차 늘어나고 그 고객들 중에서 슈퍼컨슈머로 우리의 충성 고객이 되는 사람들이 많아지게 될 것이다.

모든 것은 우리가 아닌 고객의 '성공'에서 시작한다.

핵심 치트키 Check!

- 우리가 성공하려면 '고객 성공'이 먼저 이뤄져야 한다.
- '고객 성공'은 고객이 문제를 제기할 때 대응하는 것이 아니라, 고객이 우리의 제품(서비스)을 이용하며 원하는 것을 이룰 수 있도록 적극적으로 서포트하는 것을 말한다.
- '고객 성공'을 위해서는 판매에 그치는 것이 아니라 커스터마이징된 서비스로 지속적으로 고객과의 관계를 유지하고 연결되어 제안하고 서비스를 제공하는 '고객 인게이지먼트' 활동을 추진하자.

Part 2

성공 창업
알고리즘 액션전략

성공 비즈니스를 위한
마케팅 알고리즘

바이럴 기반 광고 법칙 (광고-수익 법칙)

27 광고해서 많이 파는데 왜 돈은 안되죠?

'우리 제품은 정말 좋은데…. 이걸 써보신 분들은 다 좋다 그래요. 정말 효과가 있다고… 이걸 어떻게 해야 노출을 더 많이 할 수 있을까요?'

컨설팅을 하면서 가장 많이 듣는 이야기가 아닐까? 마케팅을 노출로 이해하고 계신 대표분들이 과반수인 점을 생각하면 다른 한편 이해가 가기도 한다. 과연 노출만 되면 우리 제품(서비스)은 잘 팔릴까? 만약 이 말이 사실이라면 우리의 전략은 간단해진다. 바로 '광고'를 하면 된다.

광고를 하면 어떻게 될까? 과연 우리가 생각한 만큼 많은 고객이 우리 제품을 찾을까? 만약 우리 제품의 판매 비중을 분석해보니 '광고에 의해 유입된 고객이 80%'라면 우리는 어떻게 해야 할까? 광고비를 더 많이 투입해야 할까? 아니면 무언가 잘못된 것일까?

광고 유입이 80%라는 뜻은 다시 말해 광고 외에 고객이 자발적으로 구매하는 자연 유입(Organic Traffic)이 거의 없다는 의미이다. 즉 구매 고객의 재구매율이 거의 없다는 의미이며 구매 고객의 만족을 통한 바이럴이 거의 없다는 의미이다. 이러한 구조에서는 우리가 광고를 통해 매출과 수익을 확대하는 것이 어렵게 된다.

이렇게 된 이유는 무엇일까?

우리 제품과 브랜드, 그리고 서비스가 경쟁업체와 비교해서 고객에게 반응을 끌 정도의 매력을 갖고 있지 않다는 것, 또는 매력을 전달하지 못한다는 것이다. 이는 광고 이전의 문제가 된다.

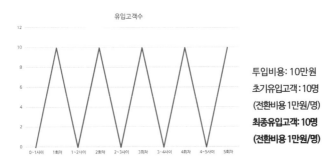

실제 광고를 하는 경우, 위의 그래프와 같은 형태의 구매 추이를 보이게 된다. 즉 광고를 하는 시점에만 노출에 의해 고객이 유입되는 것이다. 이것만으로도 충분히 광고효과가 있는 것이 아니냐라고 반문할 수 있을 것이다. 그래서 우리가 생각해야 하는 것이 바로 '고객 전환율(CVR, Conversion Rate)'이다.

광고비 10만 원에 1,000명에게 노출되어 10명을 고객으로 만들었다면 고객 전환율은 1%이고 고객 전환비용은 고객 1명당 1만 원이 된다.

만약 우리 제품을 1개 판매해서 1만 원 이상이 남는 수익구조를 가지고 있다면 최종적으로 매출과 수익이 증대되는 효과를 얻을 수 있다. 하지만 수익이 개당 1만 원이 안 된다면(예를 들어 0.7만 원이라고 하자) 우리는 파는 만큼 적자가 증가되는(10개 판매, 3만 원 적자) 악순환에 빠지게 된다.

대체로 광고를 하게 되면 위와 같은 구조로 운영되기 때문에 우리가 생각한 만큼 광고효과에 의한 매출과 수익의 증가가 이뤄지지 않는 것이다. 한마디로 조금 증가하는 매출로 바쁘기는 하나 실제로 돈 버는 것은 광고주(우리)가 아니라 네이버, 인스타그램과 같은 광고를 집행한 채널들이다.

'그럼 광고로 매출도 많이 나고 수익도 증가하는 업체는 도대체 어떻게 그렇게 하는 건가요?' 광고를 하면서 돈 버는 구조가 되기 위해선 아래와 같은 그래프가 그려져야 한다.

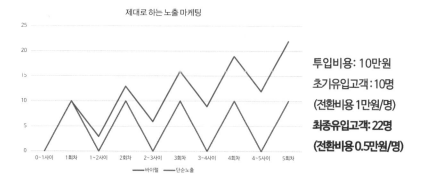

아래의 선은 우리가 앞에서 본 그래프와 동일하다. 하지만 위의 선은 어떤가?

광고를 하고 나서 다음 광고를 하기 전까지 추가 매출이 발생하는 것을 볼 수 있다. 여기에서는 구매 고객 10명(건) 대비 3건의 매출로 설정했다. 어떻게 이런 그래프가 만들어질 수 있을까?

정답은 바로 '재구매', '바이럴(구전 효과)'이다.

기존 구매 고객이 재구매를 하던가, 아니면 기존 구매 고객의 긍정적 리뷰 반응으로 신규고객이 바이럴을 통해 구매를 하게 된 것이다. 이런 구조를 만들게 되면 초기에는 광고비로 인해 매출 당 수익을 내기 어렵겠지만 광고 횟수가 증가됨에 따라 재구매와 바이럴에 의한 자연 유입(Organic Traffic) 매출이 늘어나서 수익을 확보할 수 있게 된다.

그래프상에서는 광고 5회 차시 전체 매출 발생 22건 중

광고에 의한 구매 10건 + 자연 구매 12건 × 건당 수익 0.7만 원

= 수익 15.4만 원 − 광고비 10만 원 = 순수익 5.4만 원

과 같이 수익이 확보되고 매출과 함께 수익도 증가할 수 있게 된다. 이는 구매 전환율(1,000명 노출 당 22명 구매 = 2.2%, 기존 구매 전환율 1% 대비 +1.2%)이 증가한 것임을 알 수 있다.

그렇다면 구매 전환율을 높이는 구조를 만들기 위해선 광고를 하기 전에 먼저 어떤 준비를 해야 할까?

우선 광고를 하는 목적이 있어야 한다. 단순히 매출을 증가시키려는 방법으로써 광고가 활용되어서는 안 된다. 다시 말해 광고는 고정고객 확보, 바이럴 확대가 목적이 되어야 한다. 이를 위해서는 광고를 하는 만큼 우리가 직접 할 수 있는 홍보를 먼저 확대해야 한다.

노출 채널은 Owned media(직접 홍보 노출), Earned media(고객 홍보 노출), Paid media(광고 홍보 노출)로 구성되어 있다.

Owned media에서는 우리의 홈페이지, SNS채널, 고객관리 채널을 들 수 있다. 상품 콘텐츠를 개선하고 SNS채널에 상품정보과 활용 방법, 고객 리뷰를 올리고 기존 구매 고객을 대상으로 고객관리 채널(카톡 채널 등)을 통해 이벤트를 진행할 수도 있겠다.

Earned media는 어떻게 할 수 있을까? 고객이 직접 우리 제품에 대해 긍정적 반응을 노출시켜 주면 금상첨화겠지만 그렇지 않더라도 체험단 등의 방법을 활용해서 블로그 리뷰 등 신규고객들이 광고를 통해 우리 제품정보를 확인하고 온라인에서 정보 검색했을 때 추가적으로 노출될 수 있도록 하면 효과적이다. 이 두 미디어가 함께 작동할 때 그림과 같이 광고를 통해 엑셀러레이팅되어 고객 전환율과 고객 반응을 확대시킬 수 있게 된다.

쿠팡의 예를 들어보자. 쿠팡에서 물건을 사려고 검색하면서 보게 되는 중요한 정보가 바로 '고객 리뷰'이다. 대체적으로 네이버든 쿠팡이든 고객 리뷰는 기본적으로 '등록순'이 아닌 '추천순'으로 상위 노출된다. 그때 노출되는 것이 '상품을 협찬 받은' 고객들의 리뷰이다. 이 리뷰를 보는 신규고객들은 이 정보가 협찬받고 쓴 것인 줄 알면서도 '정보로써' 받아들인다. 이와 같이 광고를 하기 전에 우리가 준비해야 할 것들을 제대로 하고 있는지 점검해 봐야 한다.

광고로 수익을 확대하기 위해 고객 전환율을 높이기 위해서 해야 할 일

① 자체 채널을 활용해 제품(서비스) 콘텐츠를 확대 노출하고

② 기존 구매 고객과의 관계를 채널로 관리(필요시 개인별 맞춤형 정보, 안내 제공)하고

③ 기존 구매 고객의 구매 후기 등 반응을 관리(필요시 리뷰 이벤트 운영 및 자체 채널 등 추가 홍보)하고

④ 신규 구매 고객의 유입을 유도(체험 리뷰, 광고를 통해 고객 노출 확대)해야 한다.

위의 1~4단계로 우리의 노출 채널을 관리하며 광고를 한다면 분명 우리는 고객 전환율을 높이면서 매출과 수익 향상을 이룰 수 있을 것이다.

핵심 치트키 Check!

- 광고는 '고객 전환율'을 높일 수 있는 재구매와 바이럴이 바탕이 된 상태에서 진행되어야 매출이 늘면서 수익도 증가하는 구조를 만들 수 있다.
- 이를 위해서는 광고를 하는 만큼 고정고객과 바이럴을 더욱 확대하고 고객에게 구매를 결정할 수 있는 근거를 제시하기 위해 자체적인 홍보를 확대해야 한다.

제품 스토리텔링 전략

28

우리 제품도 스토리텔링이 필요한가요?

'제품 품질을 위해 저희는 최선을 다하고 있어요. 고객분들께서도 만족해하시고요. 그런데 아무래도 소재도 고급화하고 기능적인 부분도 챙기다 보니 원가적인 면에서 너무 부담이 되네요. 그렇다고 다른 업체보다 비싸게 받을 수도 없고 어떻게 해야 할까요?'

품질과 가격을 모두 잡는 제품이라….

과연 세상에 품질과 가격 모두 만족시키는 제품이 있을까?

'대륙의 실수'라고도 하는 중국산 저가의 고스펙 제품을 가끔씩 온라인을 통해 접하게 된다. 품질과 가격 모두 만족시켰다고 하자. 그러면 '대륙의 실수' 제품을 여러분은 바로 구매하는가?

아마도 경우에 따라 구매를 하기도 하겠지만, 잘 모르는 브랜드의 중국제품을 그저 온라인 리뷰만 보고 선뜻 사는 것이 쉬운 일은 아닐 것이다. 제품을 제조 판매하는 입장에서는 고객이 품질과 가격을 만족시키면 살 것 같지만 실제 고객은 그렇게 간단하게 움직이지 않는다.

바로 개개인이 갖고 있는 '가성비', '가심비', '놓여있는 상황'이 다르기 때문이다.

어느 누구에겐 정말 가성비 높은 제품이라고 생각될 수 있겠지만, 다른 누구에게 있어서는 필요없는 기능이 여럿 붙은 쓸데없는 다기능 '듣보잡' 브랜드 제품일 뿐이다.

우리는 먼저 품질과 가격이라는 '두 마리 토끼'를 잡고자 하는 목표를 내려놓아야 한다. 그건 애플도, 삼성도, 현대도 하지 못하는 일이기 때문이다. 그럼 우리는 어떻게 해야 하는 것일까?

컨설팅을 하면서 '품질과 가격' 문제가 나올 때 제안하는 것은 '품질과 가격' 외에 우리가 고객에게 선택받을 수 있는 차별점을 도출하는 것이다.

간단한 예로 배민앱으로 치킨을 주문한다고 하자.
① 교촌치킨을 시키는 사람
② 리뷰 보고 시키는 사람
③ 배달비, 쿠폰 같은 것을 보고 시키는 사람

실제 배달 주문을 하는 사람의 주요 고려 요소에 가격(41.6%)은 리뷰, 배달비, 쿠폰 다음이다. 배달비와 가격을 같이 비용으로 생각할 수 있겠지만, 고객에게 있어 음식 가격은 제품(음식)의 직접비용이고 배달비는 간접비용이다. 따라서 고객은 직접비용에 비용을 지불할 의사는 있지만 간접비용에 과하게 지불하고 싶어하지는 않는다. 우리가 1% 내외의 카드수수료를 추가로 지불해야 하는 매장을 방문하는 것을 꺼리는 것과 유사하다.

리뷰, 할인쿠폰, 이벤트, 최소 주문금액, 배달픽업 예상소요시간과 같은 요소들 역시 품질과 가격 문제가 아닌 다른 '부차적' 요소지만 고객의 선택에 있어서는 중요한 고려대상이 된다.

물론 정보검색 노력이 크지 않은 제품(저관여제품)과 많은 정보검색과 비교를 통해 구입하는 제품(고관여제품) 간의 차이는 있을 수 있다.

이번엔 나이키의 '브레이킹 2' 프로젝트 예를 살펴보자.

2016년 12월부터 시작한 이 프로젝트는 세계 정상급 마라톤 선수들과 나이키 전문가들이 팀을 이뤄 최적의 훈련, 식이요법, 신발 제작을 진행해 왔다. 이 프로젝트가 시작하기 전까지 마라톤 세계기록은 2014년 9월 케냐의 데니스 케메토가 세운 2시간 2분 57초이었다. 2002년 4월 미국의 할리드 하누치가 세운 2시간 5분 38초를 2분 41초를 앞당기는 데 12년이 걸린 것이다. 단순하게 생각해도 기존의 기록 단축 추세를 생각해도 15년, 즉 2030년은 되어야 가능할 수준이었다.

나이키는 2019년 5월 이탈리아 밀라노에서 개최한 '브레이킹 2'레이스에서 킵초게 선수는 2시간 0분 25초를 기록하며 2시간 내 주파에 실패했다. 하지만 나이키는 공식 홈페이지 첫 화면에 'Crazy Dreams Make Broken Records(미친 꿈이 기록을 깬다)'라는 문구와 함께 계속 추진할 것을 다짐했다.

그 결과는 어떻게 되었을까?

5개월 후인 그해 10월 오스트리아 빈에서 열린 마라톤대회에서 킵초게는 1시간 59분 40초(비공식기록)로 인류 최초로 2시간 벽을 깼다. 그와 더불어 킵초게가 신은 나이키의 신소재 런닝화 '베이퍼플라이'는 '기술 도핑'이란 말까지 들으
며 공식 마라톤대회에 착
용을 허용할지가 논란이 되
기도 하였는데 다른 선수들
도 동일하게 착용 시 허용
하는 것으로 결정하였다. 이
후 2019년 6개 메이저 마라
톤대회 36명의 수상자 중에
서 31명이 나이키 신발을 신을 정도로 나이키의 인기는 더해갔다. 과
연 우리는 이러한 나이키의 결과를 '품질'의 승리라고 할 수 있을까?

이는 '부와 명예의 상징, 성공의 상징'이라고 생각하는 '롤렉스'에서도
알 수 있다. 롤렉스는 영국해협 횡단 수영선수에게 선물하는 등 성취
와 밀접한 고급 스포츠에 후원하며 브랜드 스토리텔링을 초기부터 지
금까지 지속적으로 축적해오고 있다.

우리가 나이키를 '도전의 상징'으로, 롤렉스를 '부와 명예의 상징'으로
여기는 것은 브랜드 스토리텔링을 통해 고객에게 품질과 가격 외에 더
나은 것을 제공하고자 하는 브랜드의 노력에 대한 고객의 반응이다.

2023년 미국 보스턴 마라톤에서는 1~3위가 모두 아디다스였다고
한다. 왜일까? 제품 기능적 품질에서 나이키와 유사한 수준으로 따라
왔기 때문이다. 품질로 항상 최고의 위치에 있기는 힘들다.

하지만, 고객들에게 우리 브랜드가 무엇을 추구하고 있고, 실제로 어

떻게 추구하고 있는 것을 실행하고 있는지 전달할 수 있다면? 우리의 고객들과 어떻게 함께하길 바라는지를 '브랜드 스토리텔링'을 포함한 '품질과 가격' 외의 차별성을 찾아 강화하고 마케팅할 수 있다면 고객은 분명 우리가 원하는 방향으로 함께 할 것이다.

핵심 치트키 Check!

- '품질과 가격'으로 경쟁하기는 너무 어렵다. 품질과 가격 외에 고객에게 선택받을 수 있는 차별점을 고객 관점에서 찾아보자.
- 우리 브랜드가 추구하는 '우선순위'를 정하고 그 우선순위를 위해 하나씩 실천해 나가며 '브랜드 스토리텔링'을 만들어 나가자.
- 고객은 자신들의 니즈와 연계된 브랜드의 노력에 박수를 보내고 선택하게 된다.

노출 3요소 기반 홍보전략

어떻게 해야 고객이 모이나요?

'맛집 가서 맛있다고 생각된 적이 몇 번 있으셨어요?'

'잘 모르겠더라구요. 제 입맛에 안 맞는 건지 맛집이라고 찾아가서 먹어봐도 딱히 집 앞 가게랑 차이도 잘 못 느끼겠더라구요고, 다 홍보인가 봐요.'

실제로 '맛집'이란 표현은 잘못된 표현이라고 생각한다.

고객이 음식점을 찾는 요소가 '맛'만이 아닌데도 불구하고 '맛'이 모든 것인 양 포장한 표현인 '맛집'. 마치 우리가 아인슈타인을 그냥 '천재'라고 표현하고 그의 숨은 수많은 노력을 외면하는 것과 같은 것이 아닐까?

광고로만 쌓은 가짜 맛집이 아닌 정말 인기 있는 매장, 제품은 앞서 언급한 것과 같이 '품질과 가격'만이 아닌 다양한 서비스, 스토리텔링과 같은 고객의 니즈에 응답하며 홍보하고 노출한 결과라고 할 수 있다.

TV프로그램 '장사천재 백사장'을 보자.

이탈리아 나폴리 산타루치아 거리에서 한식당을 오픈한 백종원 대표는 매장 운영에 필요한 요소로 '마케팅'을 언급하며 팀원들이 홍보에 적극적으로 움직일 것을 주문한다. 이에 따라 진행한 것이 당시 나폴리 축구팀의 에이스 '김민재' 선수 초대였다.

'장사천재 백사장'은 타 프로그램과 유사한 해외에서의 한식 매장 운영이라는 포맷이면서도 매출이 아닌 '실제 수익'이 나는 운영이 가능한가에 대한 도전이라는 점에서 주목을 받은 프로그램으로 매장을 하는 분들에게 인기다.

백종원 씨 말처럼 홍보는 '맛'을 챙기는 것과 더불어 사업 시작 전부터 함께 준비해 나가는 것이다.

크라우드 펀딩 사례를 살펴보자.

와디즈 크라우드 펀딩에 올라올 예정인 제품들을 '오픈 예정' 코너에서 확인할 수 있다. 심지어 와디즈 홈페이지에서 가장 노출이 좋은 왼쪽 상단에 있는 코너라는 점이 놀랍다. 많은 제품들이 오픈도 하기 전에 이미 1,000명이 넘는 서포터들이 크라우드 펀딩 오픈을 '기다리고' 있다니!

과연 제품 출시도 안 된 이들 제품에 대해 1,000명이 넘는 서포터들은 어디에서 정보를 알고 왔을까?

가장 먼저 생각해 볼 수 있는 서포터들은 가족, 지인, 관계자들이다. 그리고 제품 개발에서부터 지속적으로 커뮤니케이션해 온 사전 체험단 등 예비고객들, 자체 SNS채널을 통해 유입시킨 타겟 고객들, 그리고 대표가 활동 중인 네트워킹 그룹들일 것이다. 이렇게 사전 홍보를 진행한 상태에서 오픈 시점에 '광고'를 통해 추가 타겟 고객들에게 노출이 될 경우 크라우드 오픈 초기에 수백%를 달성하며 광고를 통해 노출된 고객들이 구매 고객으로 더 많이 전환될 것이다. 우리 제품의 시작을 함께할 서포터 고객이 없다면 더 큰 고객을 모으는 일도 어렵다. 먼저 우리의 서포터를 감동시키자.

우린 앞선 파트(성공 알고리즘 27. 광고해서 많이 파는데 왜 돈은 안되죠?)에서 총 3가지 노출 채널, 즉, Owned media(직접 홍보 노출), Earned media(고객 홍보 노출), Paid media(광고 홍보 노출)에 대해서 이해했다.

위의 크라우드 펀딩 사례를 통해 다시 정리해 보면,
① Owned media: 서포터인 가족, 지인, 관계자, 대표 네트워크 그룹들을 통한 사전지지 확보.
② Earned media: SNS채널 통해 유입시킨 타겟 고객, 제품 개발 기간 중 커뮤니케이션해 온 사전 체험단 예비고객 그룹.
③ Paid media: 위의 1, 2 채널을 기반으로 확보된 초기 구매 고객 성과를 활용한 판매실적 및 구매 후기 정보를 활용한 인스타그램 등 SNS채널 타겟 고객 광고 노출.

이렇게 크라우드 펀딩은 오픈 시작 전부터 제품 출시 준비와 함께 물밑 작업으로 사전 홍보가 '펀딩 성공'의 중요한 요소로 작용하게 된다.

노출의 3가지 채널의 실행 순서
1단계: Owned media(직접 홍보 노출)
2단계: Earned media(고객 홍보 노출)
3단계: Paid media(광고 홍보 노출)

물론 상황에 따라 2단계 준비가 어려울 경우에는 3단계인 paid media를 활용하여 체험단 광고 등을 미리 진행하는 것도 한 가지 방법이 될 수 있다. 쿠팡 '곰곰'과 같은 대형 온라인쇼핑몰의 자체브랜드 (PB)도 신제품 출시와 함께 '사전 체험단' 리뷰를 중심으로 상세한 제품 후기를 등록, 신규고객 유입에 활용하고 있다.

우리가 '맛'집이 되려면 '맛(품질, 가격)'과 함께 마케팅을 같이 챙겨야 한다. 마케팅 없이 '맛'집이 된 건 자랑거리가 아니다.

마케팅은 '광고'만이 아닌, 우리가 직접, 그리고 서포터 고객과 함께 하는 콘텐츠, 활동이 포함된 것이다.

우리가 직접하는 활동이 우선적으로 이뤄져야만 광고효과가 증가될 수 있다.

핵심 치트키 Check!

- 고객이 모이는 '브랜드', '맛집'이 되기 위해서는 '맛(품질, 가격)'뿐만 아니라 '마케팅'과 다양한 요소들을 서포터 고객들과 함께 챙겨나가야 한다.
- '맛'과 더불어 홍보의 3대 채널인 Owned media(직접 홍보 노출), Earned media(고객 홍보 노출)를 함께 준비하며 Paid media(광고 홍보 노출)를 계획하고 노출하자.

온라인 고객 커뮤니케이션 전략

30

SNS채널을 5개나 갖고 있는데 또 고객 소통이 필요한가요?

카톡도 '나이'를 먹는다?

맞다, 나이를 먹는다.

카카오톡은 2010년부터 서비스가 시작된 모바일 메신저 앱이다. 당시에 20~30대는 새로운 이 서비스에 열광하며 전화 메시지가 아닌 카톡을 사용하기 시작했다. 그리고 2024년 현재. 그로부터 14년이 흘렀다. 그사이 당시 20~30대는 적어도 30대 중반에서 40대 중반 이상으로 나이가 들었다.

그럼 지금의 20~30대는? 물론 카톡을 가장 많이 쓰기는 한다. 그만큼 카카오톡이 젊은 고객층을 끌어들이기 위해 노력하고 있다는 얘기이기도 하다.[17] 다만, 인스타그램 DM, 페이스북 메신저 같은 다른 채널의 이용이 타 연령대에 비해 높아지고 있는 것을 볼 수 있다. 전화번

---

17) 성공 알고리즘 21. 20~30대로 고객층을 낮추고 싶어요. 참조

호가 아닌 QR코드 스캔을 통해 개인정보 노출을 최소화하고자 하는 세대의 니즈가 반영된 결과이기도 하다.

카톡과 함께 페이스북도 나이를 먹는다. META(페이스북)가 인스타그램을 인수한 것은 페이스북 이용자 연령대가 높기 때문! 젊은 이용자가 많은 인스타그램을 통해 소셜 채널의 점유를 각 연령대별로 확대하기 위해서였다.

그렇다면 우리는 우리의 제품에 부합하는 타겟 고객 연령대, 성향이 몰려있는 소셜 채널을 찾아 노출하는 것이 무엇보다 중요하다. 초기 스타트업이나 자영업의 경우에는 특히나 인력 부족으로 마케팅 채널에 쏟아부을 시간을 내기가 많이 어려운 것도 사실이다.

SNS채널별 이용자를 분석한 다양한 정보를 활용해서 우리의 고객에 맞는 채널을 중심으로 노출하는 것이 효과적이다. 실제로 인스타그램은 10~30대 여성에 절대적인 비중을 차지하고 있다. 이에 비해 '카카오톡'은 10대의 사용 비중이 매우 낮음을 알 수 있다. 이렇게 우리 고객에게 가장 적합한 채널을 '하나'만 우선 선택하고, 이 채널에서 고객과 이야기하는 것이 효과적이다.

컨설팅을 할 때 보면, 정말 많은 채널들을 갖고 있는 업체들을 만날 수 있다. 홈페이지에서부터 랜딩페이지, 네이버, 인스타그램, 페이스북, 블로그, 카페 등등. 그런데 제대로 운영되는 채널이 없다. 콘텐츠 업로드가 없다. 그저 존재할 뿐이다. 채널은 있어서 우리에게 도움되는 것은 아니다. 고객에게 우리의 정보를 제공하고 그들과 소통하고 확산될 수 있도록 하기 위함이다.

온라인채널로 고객과 제대로 소통하기 위해서는 어떻게 해야 할까?

하나의 채널만을 관리한다. 먼저 1개 채널을 잘 관리하고 나서 채널을 확대할 수 있다. 먼저 이렇게 시작해보자.

① 주 3회 이상 콘텐츠를 작성한다.
② 주 3회 이상 DM 등 고객 반응에 회신한다.
③ 콘텐츠 작성은 최대 1시간 이내로 한다.
④ 채널에 대한 고객 반응을 최소 주 1회 이상 확인하고 경쟁업체 채널을 벤치마킹하며 개선한다.

콘텐츠를 만드는 것은 쉽지 않은 일이다. 그래서 우리는 콘텐츠를 만드는 데 초반에 너무나도 많은 시간과 노력을 할애하게 된다. 그 결과 어떻게 될까? 한번 콘텐츠를 작성하고 나면 그다음 콘텐츠 작성하는 것이 너무나도 큰 부담이 된다. 게다가 이 콘텐츠들은 제대로 노출이 되지도 못한다. 실제로 채널 시작 단계로 초기에는 상위 노출되기 어렵다. 그리고 작성한 콘텐츠는 다른 경쟁업체보다 못한 것 같아 내내 마음이 쓰이게 되고 결국 소셜 채널을 운영하는 것을 포기하게 된다.

이건 마치 대입 수험용 수학 문제를 중학생이 풀려고 하는 것과 마찬가지이다. 중학생에겐 중학생에 맞는 문제가 있다. 무리해서 대입 수험생을 따라할 필요가 없다. 우리에게 중요한 건 하나씩 단계를 밟아 내공을 쌓아가는 것이다.

먼저 위에서 언급한 5가지 조건을 지키기를 권한다. 제대로 썼건 아니건 1시간 이내로 콘텐츠 작성을 마무리하자. 참고로 지금 이 글 역시도 파트당 1시간 이내 작성을 목표로 하고 있다. 지금 여러분이 쓰는 콘텐츠들은 노출이 되기 어렵다. 하지만 이렇게 주 3회 콘텐츠를 작성하게 되면 3개월 이내에 콘텐츠 수는

주3회 × 4주 × 3개월 = 36개 콘텐츠가 된다.

제3자인 고객이 봤을 때 어느 정도 전문성 있는 콘텐츠가 쌓여있다고 생각되지 않을까? 이 정도 콘텐츠를 작성하게 되면 여러분은 고객들이 궁금해하는 우리 제품에 대한 다양한 콘텐츠를 만드는 데 그리 어렵지 않은 수준이 되어 있을 것이다.

이와 함께 고객의 반응을 체크하자. 우리의 목적은 고객과의 소통이다. 고객이 어떤 콘텐츠에 좀 더 반응하고 있는지, 고객의 반응이 늘고 있는지, 어떤 고객들이 우리 콘텐츠와 제품에 반응하는지 각 채널에서 제공하는 통계 정보를 활용해서 분석해 보자.

단, '좋아요' 숫자에 집착하는 것은 권하지 않는다. '좋아요'는 하버드 대학교의 연구 결과에 따르면 고객의 구매행동과 의미있는 관계가 없다. 대신 긍정적 댓글은 구매 22% 증가(부정적 댓글은 구매 18% 감소) 효과가 있었으며 좋아요가 아닌 '최고예요' 반응에는 16%의 구매빈도 증가 효과가 있었다는 점은 기억해두자.

이렇게 하나의 채널을 운영하며 1년을 진행할 수 있다면 우리는 적어도 100개 이상의 전문화된 콘텐츠와 이들 콘텐츠에 반응하는 다수 예비고객을 확보할 수 있을 것이다.

핵심 치트키 Check!

- 우리의 메인 타겟 고객이 많이 이용하는 채널을 중심으로 온라인 커뮤니케이션을 하자.
- 온라인 채널 1개 제대로 키우는 방법

  ① 하나의 채널만 운영한다.
  ② 주 3회 이상 콘텐츠를 작성하고 업로드 한다.
  ③ 주 3회 이상 DM 등을 통해 고객의 반응에 회신하며 소통한다.
  ④ 콘텐츠 작성은 최대 1시간 이내로 한다.
  ⑤ 경쟁업체 채널을 벤치마킹하며 개선해 나간다.

고객정보 니즈 기반 상세페이지 제작

우리 온라인쇼핑은 왜 이렇게
전환율이 낮을까요?

'대표님, 상품 상세페이지에 왜 바로 제품 이미지가 나오게 배치하셨어요?' '아~ 그건 고객들이 광고 보고 유입돼서 제품이 바로 나와줘야 이탈하지 않아서요. 혹시 뭐 다른 거 보여줘야 하나요?'

고객들은 과연 어떤 것을 원할까? 가격도 괜찮고 품질도 좋아 보이는 것 같은 제품 광고에 혹해서 들어온 고객에게 가장 먼저 보여줘야 하는 것은 무엇일까?

여기서 고객 입장으로 다시 한번 돌아가 보자.

예를 들어 고객이 '여성 카디건'이란 키워드로 네이버쇼핑에서 검색을 해보면 500만 건이 넘는 상품이 노출된다. 정말 어마어마한 숫자이다. 과연 여기에서 우리 제품이 고객의 선택을 받기 위해서는 어떻게 해야 할까?

우리 제품은 앞서 얘기한 것과 같이 '품질과 가격'에서 최고의 선택이 되기에는 아직 작고 이제 시작하는 업체일 뿐이다. 그래서 우리는 '스토

리텔링'에 대해 이야기하였다.[18]

이러한 품질과 가격 이외의 차별성을 어떻게 보여줘야 할까? 다시 네이버쇼핑으로 돌아가 보자.

이번엔 '모기장' 키워드로 검색을 해보았다.

◆네이버쇼핑 상품 사례

정말 놀랍게도 위의 상품 2개가 나란히 노출이 되고 있다.

위 상품은 **14,500원**(리뷰 57건, 찜하기 30)

아래 상품은 **26,300원**(리뷰 9,533건, 구매건수 4,562건, 찜하기 4,341건)

그런데 놀랍게도 노출된 상품 이미지가 같다!

어떻게 이렇게 유사한 상품이 무려 80%나 넘게 비싼 가격에도 불구하고 압도적으로 많이 팔릴 수 있을까? 그 이유는 상세페이지에 있었다. 저렴한 가격에 올린 업체의 상세페이지에는 들어가자마자 상품 상세정보가 이미지 위주로 쭉 나열되어 있었다. 이에 비해 비싼 가격의 업체 상세페이지는 자체브랜드에 대한 설명, 고객의 만족한 리뷰로 모

---

18) 성공 알고리즘 28. 우리 제품도 스토리텔링이 필요한가요? 참조

기장 판매 1위라는 표시, 바른기업 외 다수 인증서, 기존 타 모기장 제품과의 차별성, 기존 고객들의 설치 사진 등 충분히 고객이 신뢰하고 구매할 수 있는 정보가 담겨 있었다.

고객 입장에서 80%나 비싼 가격은 쉽게 선택하기 힘든 상황일 수 있다. 일반적으로 소비자는 구매금액 차이보다 가격 비율 차이에 더 크게 반응한다. 그럼에도 불구하고 거의 2배에 가까운 금액을 선뜻 지불할 정도로 상세페이지의 차이가 컸다고 할 수 있다.

◆네이버쇼핑 상세페이지 내용 참조

왜 고객은 2배 가격에도 더 비싼 업체 제품을 선택했을까? 그리고 이 선택은 과연 합리적인 결정일까? 우리가 고객의 입장이 되어서 생각해 보자. 과연 모기장을 산다면 어떤 제품을 살까? 사진만으로 위 2개 제품이 같다고 생각하고 저렴한 제품을 선택할까? 아니면 12,000

원을 더 주고 좀 더 검증된 것 같은 비싼 제품을 살까?

아마 저자라도 후자를 선택할 것 같다. 고객의 입장에서는 품질, 가격도 중요하지만, 브랜드 신뢰도, 고객과의 커뮤니케이션을 포함한 다양한 요소를 비교하며 구매를 결정하게 된다.

이러한 고객의 니즈를 반영한 상세페이지 구성을 아래와 같이 정리할 수 있다.

◈ 상품정보를 고객에게 전달하는 단계

① 1단계 혜택/주요사항: 구매 혜택, 브랜드 소개, 브랜드 특징.
② 2단계 상품정보: 고객 리뷰, 제품 차별 요소, 제품 상세정보, 인증정보, 언론보도.
③ 3단계 주의사항 정보: 구매 시 주의사항, 배송정보.

위의 1~3단계 순서로 고객에게 우리 제품에 대해 스토리텔링하며 상세정보를 전달하며 고객의 리스크를 낮출 경우, 구매 전환율이 높아지게 된다.

- 고객들에게 가장 먼저 보여줘야 하는 것은 '상품'이 아니라 우리 브랜드에 대한 '신뢰'이다.
- 고객이 구매하게 만드는 상세페이지 구성은
  1단계: 구매혜택, 브랜드 소개 및 특징
  2단계: 고객 리뷰를 포함한 우리 브랜드 신뢰도를 높이는 정보 + 제품정보
  3단계: 구매 시 유의사항

고객 니즈 기반 온라인 콘텐츠 제작

우리 제품도 인스타로 바이럴 마케팅 하고 싶어요

'요즘 인스타도 많이들 하고 있고, 우리도 바이럴마케팅을 좀 해야 하는데 어떻게 하면 좋을까요? 어디서부터 시작해야 할지도 모르겠어요.'

'바이럴마케팅을 통해서 얻고자 하시는 건 어떤 부분이실까요?'

'음… 노출이 많이 되는 거죠, 그래서 사람들이 우리 제품을 더 많이 찾을 수 있으면 좋겠고요.'

과연 바이럴마케팅이 노출과 제품 판매에 직접적인 영향을 줄 수 있을까? 그리고 그 정도 수준의 바이럴마케팅을 하려면 우리는 어느 정도 노력과 비용을 쏟아부어야 할까?

바이럴마케팅(viral marketing)이란 '입소문(구전)' 마케팅을 뜻한다.

다시 말해 우리가 직접 홍보를 하지 않더라도 고객들에 의해서 자연스럽게 입소문이 나는 것을 말한다. 이는 우리가 직접하는 홍보와 달리 특정 타겟 고객을 설정하지 않은 노출이라는 점에서 더 큰 고객 시장으로의 확대를 기대할 수 있다는 측면에서 긍정적 의미를 갖게 된다.

솔직히 정확한 타겟 고객을 설정하고 비용을 쓰게 되면 광고효과를 생각하지 않을 수 없어 타겟 고객층을 넓히는 것이 쉽진 않다. 다만, 실제 바이럴마케팅을 통해서 어느 정도 효과가 있는지를 정확하게 측정하기는 어렵다는 약점이 있는 것 또한 사실이다.

여기서 우리가 요즘 잘 듣게 되는 또 하나의 용어가 바로 '그로스해킹(Growth Hacking)'이다. 그로스해킹은 창의적이고 분석적인 사고로 소셜 망을 이용하여 제품을 팔고 노출시키는 마케팅 방법이다. 주로 스타트업에서 온라인 고객 행동 데이터를 분석하고 이를 기반으로 사용자 경험을 최적화하며 이를 마케팅으로 활용하는 전략을 의미한다.

그로스해킹의 성공사례로 주로 회자되는 드롭박스의 '친구 초청 시 무료 저장공간 추가 제공'을 통해 급격하게 이용자를 확보하고 성장한 예가 있는데 『진화된 마케팅 그로스해킹』의 저자가 바로 이 드롭박스의 마케터 션 엘리스이다.

이 드롭박스의 예를 보면 바이럴마케팅과 비슷한 결을 느낄 수 있을 것이다. 바이럴마케팅은 성장을 위한 그로스해킹의 하나로 브랜드 인지도와 고객(반응)을 확보하는 방법으로 이해하면 될 것이다.

바이럴마케팅을 확대하기 위한 첫 번째 방법으로 가장 많이 사용하는 방법이 바로 'SNS'를 이용한 바이럴이다.

인스타그램을 비롯해서 네이버 리뷰를 챙기거나 블로그체험단을 활용하는 것 역시도 SNS 바이럴의 일종이라고 할 수 있다. MBTI 테스트같이 핫한 콘텐츠를 활용하는 것도 좋은 방법이다.

두 번째로는 지인 추천 등의 방법을 활용하는 것 역시도 바이럴의 한 방법이다.

우리는 브랜드들의 다양한 홍보 장면에서 '친구 소개', '추천인 작성' 과 같은 문구를 본 적이 있을 것이다. 그리고 앞서 언급한 드롭박스 예가 여기에 해당된다. '토스'에서는 대기 순번을 앞당기는 방법으로 '지인 추천'을 활용하기도 한다. 토스도 이 정돈데 우리는??

세 번째로는 이벤트를 통한 타겟 고객 참여 유도다. 이 또한 바이럴 이라고 할 수 있다.

'토스증권'이 주식 선물 이벤트로 1달에 200만 계좌를 개설하게 했다고 한다. 이를 통해 신규고객을 확보한 것뿐만 아니라 '토스증권'이라고 하는 신생 브랜드를 사람들에게 알리는 효과를 톡톡히 봤다고 할 수 있다. 이 외에 어그로(aggro, 관심을 끌기 위한 자극적인 콘텐츠 마케팅. 노이즈마케팅) 역시도 이벤트의 일환으로 브랜드 인지도를 높이는 방법으로 이해할 수 있다.

인스타그램이 바이럴의 모든 것이란 생각은 버리자. 인스타그램, 네이버 같은 툴이 '답'은 아니다. 그리고 우리에게 가능한 방법을 위에서 찾아보자. 예를 들어 '네이버'에 리뷰를 올리면 리뷰이벤트를 증정하는 것도 바이럴마케팅의 일환이다.

배민으로 유명한 '우아한형제들'의 장인성 CMO가 쓴 『마케터의 일』 에서 바이럴마케팅을 위한 기획 방법으로 신기함, 재미있음, 유용함, 자기표현의 4가지 요소를 들고 있다.

① 신기함: 처음 들어보는 생각하지 못한 일

② 재미있음: 웃긴, 흥미로운, 귀여운, 공감 가는 일

③ 유용함: 참여할 수 있는, 나와 상관있는, 혜택이 있는 일

④ 자기표현: 이야기를 전함으로써 자신을 표현할 수 있는 일

위의 4가지 요소를 다 갖추고 있다면 물론 좋겠지만 앞선 예들을 보더라도 다 만족하지 못한다는 것을 알 수 있다. 토스증권의 '주식 1개 증정' 이벤트는 신기하고 유용하지만 재미있거나 자기표현과 같은 의미는 낮다고 할 수 있다. 재미와 자기표현과 같은 요소는 오히려 SNS채널을 활용한 바이럴에 더 적합할 수 있다. 그러니 너무 어렵게 접근하지 않아도 된다.

바이럴마케팅을 쉽게 접근할 수 있는 방법을 하나 고른다면
'내가 고객이라도 참여하고 싶고, 친구에게 바로 추천하고 싶은'
그런 콘텐츠, 추천 제안, 이벤트를 만들고 노출하는 것이다.

 핵심 치트키 Check!

- 바이럴이 중요한 게 아니라 바이럴을 통해 우리의 브랜드 인지도와 고객 반응을 확보하는 것이 중요하다.
- 브랜드 인지도, 고객 반응을 얻는 바이럴마케팅이란
  ① SNS, 인스타그램을 이용한 바이럴은 하나의 방법이다.
  ② 지인 추천, 방문자 리뷰도 바이럴이다.
  ③ 이벤트를 통한 타겟 고객 참여 유도 또한 바이럴이다.
- 우리에 맞는 바이럴을 찾아 실행하자.

지속적이고 주기적인 홍보 루틴 전략

홍보는 매출 빠지면 해야죠

'대표님, 홍보는 주로 어느 때 많이 하세요?'

'평소에는 바빠서 할 겨를이 없구요, 매출이 빠지거나 그러면 몰아서 하는 경우가 많죠.'

우리 대표님들은 바쁜 일? 때문에 홍보를 챙길 시간이 솔직히 없다. 앞선 글[19]에서 말한 것과 같이 마케팅 역시도 중요한 비즈니스의 요소임에도 우리는 자꾸 이 일을 뒤로 미루게 된다. 그럼 어떻게 해야 우리는 제대로 마케팅도 하면서 일할 수 있을까?

이 표는 시간관리 매트릭스이다.

---

19) 성공 알고리즘 02. 자영업, 스타트업, 중소기업 사장 중에 가장 바쁜 사람은 누구? 참조

우리가 실제 하는 일의 대부분은 어떤 일일까? 우리의 시간을 가장 많이 쓰고 있는 부분은 의외로 '긴급하고, 중요하지 않은 일'이다. 왜 그럴까? 이유는 단 하나, '쉬워서'이다. 업무적 중요성을 따지면 긴급하긴 하지만 하지 않아도 크게 우리 업무에 영향이 적은 일인 것이다. 이쪽 일에 신경을 쓰다 보면 '긴급하지 않지만 중요한 업무'에 쏟을 시간이 없어지게 된다. 이 업무는 신경 써야 할 게 많아 어렵고 바로 결과가 나오지 않는 일이 대부분이다.

먼저 '긴급하지 않지만 중요한 업무'를 먼저 챙겨보자!

'긴급하지 않지만 중요한 업무'가 무엇인지 정리해 보자. 아마 많은 업체에서 마케팅도 여기에 들어갈 것 같다. 그렇다면 이렇게 정리한 '긴급하지 않지만 중요한 업무'를 어떻게 해야 잘할 수 있을까? 바로 업무를 '루틴화'시키는 것이다.

'루틴'은 '일상, 틀에 박힌 일'이라고 할 수 있다. 많은 운동선수들이 시합 준비에 있어 일정한 '루틴'을 갖고 있다는 이야기를 많이 들어봤을 것이다. 우리도 마찬가지이다. 어려운 일, 복잡한 일을 진행함에 있어 일을 단순화하고 반복적 일로 함으로써 우리가 자연스럽게 할 수 있도록 하자는 것이다.

온라인마케팅 뉴스 사이트 오픈애즈에 나온 '일 잘하는 사람들의 5가지 기술[20]'을 보면 다음과 같이 제시하고 있다.

---

20) 데퀘스트, 2020.04.16.

① 기술 1: 루틴을 늘리고 일을 패턴화하자.

② 기술 2: 루틴의 양을 늘리면 업무의 질이 향상된다.

③ 기술 3: 틀을 정하면 업무의 질과 속도가 달라진다.

④ 기술 4: 선택지를 줄이면 스트레스가 줄어든다.

⑤ 기술 5: 대단한 것을 하려고 생각하지 말자.

대단한 것을 하려고 하지 말고, 루틴화 시켜서 하나씩 해나가자. '마케팅 고수'가 아닌데 처음부터 '마케팅 고수'를 흉내 낼 수는 없다. '루틴'은 가장 기초가 되는 것부터 하나씩 내 몸에 익숙하게 만드는 것이다. 우리의 '마케팅'도 마찬가지이다.

◆ 간단하게 마케팅을 일주일 루틴으로 진행할 수 있는 홍보 방법

① 루틴 1. 매일 아침: 고객 커뮤니케이션 채널 내용 확인, 대응(수시 확인이 필요한 경우는 제외. 소요시간 20분)

② 루틴 2. 월수금요일 아침: 자체 운영 채널(인스타그램, 블로그 등)에 콘텐츠 등록(소요시간 30분)

③ 루틴 3. 매월 1일: 온라인 업체정보 업데이트(소요시간 20분)

④ 루틴 4. 매주 토요일 아침: 타업체 온라인채널 확인 통한 벤치마킹(소요시간 30분)

위에서 제시한 예는

총소요 시간: 1주 260분(4시간 20분, 일평균 38분)이다.

하루 1시간 미만으로 마케팅을 할 수 있는 시간을 만들고 루틴으로 실천하자는 것이다. 그리고 이 계획을 '구글 캘린더' 같은 스케줄 관리 앱을 활용해서 내 업무 스케줄에 넣고 관리를 하자. 이렇게 하면 내가

얼마나 '마케팅'에 시간과 노력을 쏟고 있고 진행 과정이 어떻게 되는지 한눈에 확인할 수 있게 된다. 이 방법 역시도 여러분이 마케팅을 포함한 업무를 진행함에 있어 더 할 수 있도록 하는 동기부여가 된다.

중요한 것을 하기에 시간이 없지는 않다. '긴급하지 않지만 중요한 일'을 순서대로 3가지 정리하고 마케팅도 반드시 넣자. 그리고 중요한 3가지 일을 루틴으로 계획을 세우고 스케줄에 등록하고 진도관리를 하자.

'긴급하지 않지만 중요한 일'로써 마케팅 업무를 진행한다면 우리는 3개월 내에 반드시 눈에 보이는 효과를 얻을 것이다.

3개월은 앞서 제시한 루틴 계획을 기준으로 52시간(1개월 평균 17시간)이다. 한 달 17시간, 3개월 52시간의 투자, 우리 회사가 한 단계 매출이 올라가는 시작이 될 것이다.

핵심 치트키 Check!

- 마케팅과 같은 일은 루틴화 시키지 않으면 후순위에 밀리게 된다.
- 마케팅을 긴급하지 않지만 중요한 일이라고 인식하고 내 스케줄에 넣자.
- 마케팅 목표를 설정하고 진도를 관리하고 반응을 확인하자.

2-2

광고하기 전에
먼저 챙겨야 할 작업

34

정말 우리 아이템이
세계 최초인가요?

'대표님, 우리 경쟁제품은 어떤 것들이 있나요?'

'경쟁제품이요? 저희 제품은 세계 최초로 개발된 거라 경쟁할 만한 제품이 없다고 봐야죠.'

'그럼, 우리 제품이 나오기 전까지 타겟 고객들은 어떻게 했나요?'

'음… 우리 제품이 없었으니까 뭐 어떻게 할 수 있는 게 없지 않았을 까요?'

나름대로 일리가 있는 답변이기는 하다. 우리가 잘 아는 바와 같이 애플의 스티브 잡스는 평소에 이런 말을 했다고 한다.

"그레이엄 벨이 전화를 발명할 때 시장조사를 했는가? 나는 단지 혁신을 바랄 뿐이다."

그는 소비자들은 애플 제품을 보고 난 뒤에야 그들이 무엇을 원하는지 알게 되기 때문에 소비자들을 대상으로 시장조사는 하지 않는다고 말해왔다. 자동차왕 헨리 포드 역시 "고객들에게 무엇을 원하는가"라고 물었다면 고객은 '저렴한 자동차'가 아닌 '더 빠른 말'이라고 답했을 것이다라고 한 바 있다. 그만큼 애플, 포드가 만든 제품은 시대를 바꾸는 힘을 가질 정도로 '혁신적'이었다고 할 수 있다.

◆허먼밀러 에어론 의자(디자인하우스 이미지 참조)

허먼밀러의 에어론 의자를 처음 접한 고객들은 10점 만점에 2점밖에 주질 않았다. 잡지 에스콰이어는 '의자라기보다는 의자를 찍은 엑스레이 같다'고 혹평을 하기도 했다.

그 결과는? 1990년대 이후 허먼밀러 역사상 가장 많이 팔린 의자가 되었다. 여러분들도 비슷한 디자인의 의자를 사무실이며 집이며 곳곳에서 발견할 수 있을 정도로 익숙한 디자인이 되었다. 가구업계의 애플, 허먼밀러(Herman Miller)는 소비자조사의 문제점으로 "소비자는 자신들이 이미 알고 있는 것만을 대답하는 것"의 한계를 제시하고 있다.

단순히 시장의 요구에 부응하고자 한다면 실패하지 않고 평범한 수준을 유지할 수는 있을 것이다. 그러나 그렇게 하면 혁신적이고 주도적인 역할은 하지 못할 것이다.

"그 핵심은 '관찰'입니다. 소비자에게 뭘 원하느냐고 묻는 게 아니라 그들의 사무실을 찾아가서 그들이 어떻게 행동하는지를 세심히, 장기간 관찰함으로써 그들이 정말 원하는 게 뭔지 파악합니다. '인체측정학'이라고도 하는데요. 행동을 관찰하면 사용자가 가진 문제를 알 수 있죠."(허먼밀러 대표 브라이언 워커)

'혁신적'인 제품을 내놓기 위해서는 다만 '조사'로 고객의 니즈를 파악하는 것에 한계가 있다. 이들 제품은 완전히 새로운 시장을 개척하는 것이라고 할 수 있다.

이에 비해 우리의 제품, 서비스는 새로운 시장을 개척할 정도로 혁신적일까? 대부분의 제품들은 기존 제품, 서비스에서 한 단계 진보된 형태이거나, 다양한 기술이 추가된 경우가 대부분이다. 이런 경우에는 기존 고객이 이용하던 대체 제품이 있기 마련이다.

우리는 고객에 대한 연구와 함께 대체 제품, 경쟁제품에 대한 충분한 분석이 필요하다.

앞서 언급한 '혁신적'인 제품은 시장을 새롭게 창출해야 하기 때문에 스타트업, 중소기업으로써는 제품을 개발하는 것보다 더 어려운 일이 될 수 있다. 그래서 우리의 제품은 기존 대체 제품, 경쟁제품이 있다는 것을 전제로 생각해야 한다.

다음의 그래프는 컨설팅에서 활용하는 전략캔버스(Strategy Canvas) 프레임이다.

세로축에 고객들의 만족도를, 가로축에는 고객들이 만족을 느끼게 하는 요소들을 구분해서 정리한다. 그리고 각 요소별로 우리와 경쟁업체의 차이를 그래프와 같이 그려서 서로 비교하는 것이다.

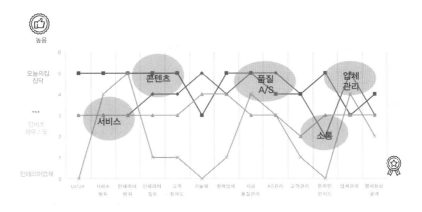

이 그래프를 통해 우리는 경쟁업체와 비교했을 때 어떤 부분에서 강점을, 그리고 약점을 갖고 있는지 확인할 수 있게 된다. 이를 통해서 강점을 어떻게 더 강화시켜 나갈지, 그리고 약점은 어떻게 보완할지에 대해 전략을 생각해 볼 수 있다.

소상공인의 경우에는 어떻게 하면 좋을까?

먼저 우리 주변의 상권을 둘러보고 경쟁매장의 상황을 파악하는 것이 중요하다. 소상공인시장진흥공단, 서울신용보증재단과 같은 정부, 지자체 기관에서 상권정보를 제공하고 있으며 오픈앱과 같은 서비스에서도 매장별 매출 추정데이터와 같은 정보를 확인할 수 있다.

우리 매장과 경쟁하고 있는 매장의 매출상황, 고객분포, 추이를 확인하고 우리와 비교하는 것, 그리고 실제 경쟁매장이 어떻게 운영하는지 확인하고 벤치마킹하면서 우리의 차별성을 강화시켜 나가는 것이 필요하다.

이러한 과정을 통해 우리는 광고하기 전에 경쟁업체와 비교하며 지금의 제품 가치, 차별성보다 더 나은 방향으로 개선해 나갈 수 있을 것이다. 물론 이 과정과 광고를 통해 더 많은 고객이 우리를 찾을 수 있게 될 것이다.

핵심 치트키 Check!

- 스타트업이라면 우리 제품(서비스)의 경쟁제품, 대체 제품은 반드시 있다. 이들 제품들을 비교 분석하고 우리의 장단점을 파악해야 한다.
- 우리의 경쟁 상황을 파악하고 벤치마킹하고 대응하는 것에서 고객 문제 해결과 차별성이 시작된다.
- 경쟁업체와의 비교를 통해 지금의 제품 서비스를 개선하는 것이 광고효과를 더욱 높이는 길이다.

고객가치 기반 차별화 고도화

우리는 다른 업체와 뭐가 다른가요?

'대표님, 지금 하고 계신 사업의 비즈니스모델을 설명해주세요.'

'비즈니스모델이요? 돈 어떻게 벌지 말씀하시는 건가요?'

비즈니스모델을 수익모델로 생각하는 대표님이 많으신 것이 사실이다. 왜 그럴까? 우리에게 중요한 것이 '수익'이라서 그런 것이 아닐까? 기업이 지속적으로 운영되기 위해서는 '수익'은 불가결한 것이다.

'수익'을 내기 위해서는 어떻게 해야 할까? 고객이 누구이고, 고객에게 어떤 차별성으로 가치를 제시하고, 어떻게 고객에게 다가가고, 어떻게 비용과 수익이 나오는지에 대한 것이 '비즈니스모델'이라고 할 수 있다. 다시 말해서 비즈니스모델이란 비즈니스 아이템이 어떤 차별성이 있고, 어떤 핵심가치를 보유하고 있고, 어떤 고객을 타겟으로 하며, 어떻게 수익을 만드는지를 나타낸 모형이라고 할 수 있다. 우리가 많이 들어본 알렉산더 오스터왈더의 '비즈니스모델 캔버스'는 이러한 부분을 총 9개 블럭에 정리한 것을 말한다.

예를 들어 우리가 '치킨매장'을 한다고 생각해 보자. 우리는 과연 어떤 차별성을 가지고 치킨매장을 할 수 있을까?

◆뉴질랜드 My fried chicken 홈페이지

가치제안	한국식 치킨과 함께 칵테일과 와인을 즐길 수 있는 바 스타일 치킨전문점. 한국 문화와 뉴질랜드 스타일을 접목한 인테리어 공간으로 새로운 경험 제공
핵심파트너	식음료 전문가그룹, 한국식 치킨 소스 개발 공급업체, 뉴질랜드 주요 와인 공급업체
핵심활동	칵테일/음식 메뉴 개발, 지점 운영 및 직원 관리, 고객 커뮤니케이션
핵심자원	한국식 맛에 뉴질랜드 스타일을 반영한 음식 및 음료 레시피, 한국인 스탭, 매장 운영 노하우
고객	오클랜드 지역 거주 한국인 외 아시아 음식에 관심이 많은 중국, 인도인, 키위(뉴질랜드인)
고객관계	홈페이지/구글 매장정보/인스타그램 통한 정보 제공 및 커뮤니케이션, 지역 커뮤니티 참여
채널	홈페이지 통한 주문, 구글 매장정보 관리,

비용	매장 임대료, 직원 인건비, 식자재 원재료비 포함 매출의 70%, 기타비용 15%
수익	매출의 15%. 매출목표 NZD 100,000/월 × 매장 4곳 = NZD 400,000/월21)

우리나라에서 멀리 떨어져 있는 뉴질랜드 오클랜드에 있는 'My fried chicken' 브랜드를 참고로 비즈니스모델 캔버스를 정리해 보자. 이 브랜드는 2019년에 시작, 현재 오클랜드시에 4개 직영매장을 운영하는 한국식 치킨전문점이다. 실제 방문해 보았는데 상당히 매력적인 인테리어와 맛을 가진 업체로 구글 리뷰도 300건이 넘고 4.5점/5점 만점 이상이다.

이렇게 '치킨매장'도 다른 매장과 차별화된 비즈니스모델로 어려운 해외시장에서 자리를 잡을 수 있음을 알 수 있다. 이는 우리가 앞서 얘기한 '스토리텔링22)'과 더불어 우리를 다른 브랜드들 사이에서 고객에게 선택될 수 있는 가능성을 더 높여 줄 수 있는 요소가 될 것이다.

여기에서 **중요한** 것은 고객에게 다른 브랜드와 달리 어떤 가치를 제공할 것인지, 이 가치를 제공하기 위해 우리는 무엇을 준비하고 추진해야 하는지, 고객에게 어떻게 다가가고 어떻게 커뮤니케이션 할 것인지, 비용과 수익을 어떻게 관리할 것인지를 정리하는 것이다. 비즈니스모델이 정리되었다면, 그다음은 비즈니스모델을 검증하고 실행할 차례이다.

---

21) 대외적 노출 정보를 감안하여 추정 작성한 것임

22) 성공 알고리즘 28. 우리 제품도 스토리텔링이 필요한가요? 참조

스타트업의 아이디어 고도화를 린스타트업에서는 다음과 같은 단계로 제시하고 있다.

CPF (Customer–Problem Fit)	우리가 생각하는 고객과 그들의 문제점을 찾는 단계
PSF (Problem–Solution Fit)	고객의 문제점에 대한 솔루션을 찾는 단계
SPF (Solution–Product Fit)	찾은 솔루션을 실제 제품(서비스)화하는 단계
PMF (Product–Market Fit)	제품을 초기시장에 진입시키는 단계

비즈니스모델이 정리되었다면 우리는 1~2단계가 진행되었다고 할 수 있다. 그렇다면 다음 단계인 실제 제품화 단계를 추진하고 시장진입을 노려야 한다. 우리의 비즈니스는 이렇게 한 단계 한 단계 과정을 진행하고 다시 재검증하는 과정의 연속이다. 이런 준비가 되어야 광고를 통해 더 많은 고객을 만날 수 있게 된다.

핵심 치트키 Check!

- 어떻게 수익을 확보할지를 포함해서 비즈니스모델을 정리해 보자.
  ① 고객에게 다른 브랜드와 달리 어떤 가치를 제공할 것인지 정리하자
  ② 이 가치를 제공하기 위해 우리는 무엇을 준비하고 추진해야 하는지 정리하자
  ③ 고객에게 어떻게 다가가고 어떻게 커뮤니케이션할 것인지 정리하자
  ④ 비용과 수익을 어떻게 관리할 것인지를 정리하자
  ⑤ 정리가 되었다면 비즈니스모델을 실행하고 검증하자.

데이터를 활용한 차별화 강화

제품만 파는 것이 우리 비즈니스 인가요?

'우리는 제품만 판매하나요?'

'예, 그렇죠. 제품 판매가 거의 90%고 애프터서비스 수리를 통한 수익이 10% 정돈데 거의 비용으로 나간다고 봐야죠.'

우리는 그동안 제품을 판매하는 것이 가장 중요한 수익 원천이었다. 그렇다면 우리는 제품의 질과 가격에 집중할 수밖에 없는 상황에 놓이게 된다. 고객의 입장에서 제품을 구매하는 이유는 무엇일까? 고객은 제품을 구매하는 것이 아니라 제품을 통해 고객의 Job to be done, 즉 제품으로 하고자 하는 목적을 이루는 것을 희망한다. 예를 들어 음식을 구매하는 이유가 배를 채우는 것, 행복감, 축하 등을 위한 것과 같이.

그렇다면 우리는 우리의 제품에 대해 어떻게 접근하고 바꿔야 할까?

일본 아사히야마 동물원을 생각해 보자.

겨울이면 영하 25도까지 떨어지는 일본 최북단 동물원인 홋카이도 아사히카와시의 시립 아사히야마 동물원은 1996년 동물원 연간 관람객 수가 30만 명도 안 되는 일본에서 가장 운영이 어려운 동물원이 되어 폐원 위기를 겪었다. 참고로 서울대공원 동물원은 연간 350만 명, 일본 최대규모 도쿄 우에노 동물원은 400만 명 수준이다.

◆아사히야마 동물원 이미지 자료 참조

새로운 동물원장은 고객들의 동물원에 대한 불만 사항을 점검하고 고객의 Job to be done을 중심으로 사육사들이 알고 있는 동물들의 경이로움을 고객에게 전달하고, 생명의 소중함을 전하는 공간으로 동물원을 재정의하고 하나부터 바꾸기 시작했다.

이를 실천하기 위해

사육사들은 동물과 생활하면서 느낀 감정을 관람객들에게 전달(루이·후이바오 에버랜드 유튜브채널과 같은)하는 '원포인트 가이드'를 신설하고, 본능을 잊어 무기력해진 동물의 문제 해결 방법으로 동물 행동 전시 개념을 도입하였다. 어린이 목장과 같이 염소, 토끼, 오리 등 동물을 관람객이 실제 만지며 피부로 직접 느끼게 하고, 동물의 습성에 맞춘 공간을 구성하여 오랑우탄의 경우에는 기존 바닥 중심 환경에서 변경 후엔 높은 기둥 밧줄로 밀림을 만들어 주었다. 펭귄관 역시 기존의 육지 중심이 아닌 수족관 형태로 자유롭게 헤엄치는 펭귄의 환경을 만들었다.

이러한 대표적인 프로그램으로 유명한 '펭귄과의 산책'인데 예약을 통해 펭귄과 함께 아이들이 바로 곁에서 보고 느낄 수 있도록 하였다. 30만 명도 안 되던 관람객 수는 2006년 304만 명으로 10배 이상 증가하며 일본 2위의 동물원으로 성장하였다. 기존의 동물원의 한계를 극복한 새로운 접근이었다.

단, 이러한 변화에는 새로운 패스트팔로워(Fast follower)의 도전이 이어지게 된다. 실제로 도쿄 우에노 동물원 등 다른 동물원에서도 아사히야마 동물원의 성공을 벤치마킹하여 행동전시를 위한 시설을 설치하기도 했다. 그렇다면 어떻게 해야 패스트팔로워의 영향력을 최소화시킬 수 있을까?

여기서 생각해 봐야 할 것이 '데이터'를 기반으로 한 솔루션, '디지털 트랜스포메이션'이다.

디지털 트랜스포메이션(Digital Transformation, DT or DX)은 디지털이라는 변화의 DNA를 기업에 이식시켜 기업의 겉과 속 모두를 바꾸는 것이다. 디지털적인 모든 것으로 인해 발생하는 다양한 변화에 디지털 기반으로 기업의 전략, 조직, 프로세스, 문화, 커뮤니케이션, 시스템, 가치사슬, 비즈니스모델을 변화시키는 경영전략이다.

디지털 트랜스포메이션의 접근 방식은 디지털 변화에 기존과 다른 기업의 경영환경 및 기반을 확보하고 대응하여 디지털 기반의 비즈니스모델 구축을 통해 새로운 고객가치를 추구하는 것이다.

 '130년 된 스타트업'이라는 제너럴 일렉트릭(GE)은 2015년 8월, GE 제프리 이멜트 회장은 '2020년까지 세계 10대 소프트웨어 기업으로의 변신'을 선언하고 2020년 소프트웨어 매출 목표를 150억 달러로 설정하며 연간 5억 달러 이상을 소프트웨어 분야에 투자를 집중했다.[23] 『린스타트업』의 저자 에릭 리스와 워크샵을 개최하며 기존 사업 추진 조직을 개편하고 스타트업 형태의 개발 방식인 패스트웍스(Fastworks)를 사내에 적용하였다. 'GE스토어'를 통해 사내 연구 성과물을 내부 플랫폼을 통해 공유하고, 부서간, 본사와 지사간 정보 불균형을 해소하며 사내 정보확산을 추진하였다. GE는 스스로를 'Digital company'로 정의하고, 기업고객을 위한 산업 인터넷 인프라를 제공하는 동시에 축적한 고객 데이터를 자산화하여 데이터에 기반한 서비스업체로의 전환을 추진했다.

 항공기 엔진, 기계, 헬스케어 제품을 판매하는데 그친 것이 아니라, 산업 사물인터넷(IIoT)을 활용하여 GE의 부품에 달린 센서가 기계 결함 등 데이터를 확보하여 시스템에 공유하고 분석해 정보를 엔지니어에게 전달하고 이 데이터를 기반으로 설비 관리와 운영을 할 수 있게 하는 'Brilliant Factory' 컨셉을 실현한 것이다.

 GE의 프레딕스 클라우드(Predix Cloud)는 제품 판매 시 번들로 제공하는 플랫폼으로 이를 통해 설비 판매뿐만 아니라 설비의 유지, 보수,

---

23) 더인벤션랩 김진영 대표, 《GE의 디지털 트랜스포메이션 전략》

예측진단 서비스를 제공하였다.

이 서비스를 통해 확보 가능한 모든 현장 데이터를 통합, 수집, 분석하여 산업 설비의 오작동 유무 감시, 사전 예측진단 등 새로운 서비스 개발을 추진하여 성과를 낼 수 있게 되었다.

자, 이제 우리 차례다.

우리가 고객의 Job to be done 솔루션과 함께 디지털 트랜스포메이션을 통해 차별화를 강화하려면 어떻게 해야 할까? 만약, 우리가 음식점을 한다면 어떻게 할 수 있을까?

첫째, 축적 가능한 가치 있는 데이터를 확보하여 온라인 예약 관리를 통해 방문 고객의 관련 정보 데이터를 수집하고 분석하자.

둘째, 데이터를 활용한 새로운 솔루션으로 고객 매장 이용 데이터를 활용해서 잔여 식자재 관리, 매장 운영 효율화, 고객 마케팅 요소 도출 등 솔루션을 개발하자.

셋째, 찾은 솔루션으로 고객에게 새로운 가치 제공하고 더 많은 데이터를 확보해 솔루션의 가치를 확대시켜 나가자. 또한, 대상 고객에게 개발한 솔루션을 제공, 더 많은 고객가치를 느끼게 하고, 추가적인 데이터를 수집, 고객 반응을 높이자.

이 모든 것은 온라인 시스템 구축이 필수적이다.

하지만 우리에겐 우리가 직접 개발하지 않더라도 고객정보를 수집할 수 있는 다양한 솔루션들이 이미 나와 있다. 중요한 건 우리가 이러한 데이터를 활용하여 더 나은 솔루션을 찾고자 하는가의 문제이다. 광고도 디지털이다. 광고효과를 분석하고 고객을 찾는 과정이다.

핵심 치트키 Check!

- 패스트팔로워를 뿌리치며 우리가 앞서 나가기 위해선 축적되는 '데이터'가 필요하다.
- 우리의 사업을 디지털 트랜스포메이션하자.
  ① 축적 가능한 가치있는 데이터를 찾아 쌓아 나가자.
  ② 축적한 데이터를 활용해서 새로운 서비스를 만들자.
  ③ 새로운 서비스를 제공하고 더 많은 데이터를 확보하여 솔루션의 가치를 높이고 광고에 활용하자.

미래 사업과 연결된 비즈니스

지금 하는 사업을 어떻게 활용하실 계획인가요?

'밀키트 전문점을 창업하면 돈이 될까요?'

'그럼요, 요새 밀키트가 얼마나 인기인데요!!'라고 3년 전에는 그랬는데 지금 같은 질문을 하면 '밀키트요? 요새 밀키트 열겠다는 사람이 누가 있어요. 주변에 다들 안된다고 난리예요.'라고 한다.

2020년 10개에서 2022년 1,000개로 늘어났던 밀키트 전문점은 무인 판매와 코로나19로 인한 외식 감소의 시장상황과 맞물려 최고의 창업 아이템으로 등극했었다. 그랬던 밀키트 전문점이 3년이 지난 지금은 어떠한가?

국내 가정간편식 시장은 2020년 4조 원에서 2023년 5조 원을 넘어설 정도로 지금도 가파른 상승세이다. 다만, 인기있던 밀키트 매장을 대신해 유명브랜드의 HMR(Home Meal Replacement)제품이 비중을 확대하고 있으며 유명맛집 RMR(레스토랑 간편식) 역시 증가하며 시장을 주도하고 있다.

고객이 원한 건 무엇이었을까? 고객은 간편한 식사 준비와 함께 식자재 구매의 모든 것을 해결하고 싶은 'Job to be done'을 갖고 있지 않았을까? 그런 측면에서 밀키트 전문점은 다양한 밀키트를 구비하고 있지만 '오늘 저녁'의 모든 것을 구매하기에는 구색이 부족할 것이다.

이에 비해 슈퍼마켓은 어떨까? 일부 대기업 브랜드 HMR, 맛집 RMR과 함께 신선야채, 과일, 정육 등 다양한 식자재를 원스톱으로 구매할 수 있다. 이렇게 생각해보면 지금의 밀키트 매장 몰락과 가정간편식 시장의 폭발적인 증가 추세가 설명된다.

사업에 실패하는 이유는 과연 무엇일까? 가장 큰 문제는 물론 '돈'이다. 돈이 다 떨어지면 사업은 끝이다. 그런데, 그 '돈'이 떨어지는 이유는 무엇일까? 바로 '고객이 원하지 않는 제품(서비스)' 때문이다.

다시 밀키트 전문점으로 돌아가 보자. '밀키트'는 앞으로도 계속 증가할 아이템이다. 다만, '밀키트 전문점'은 과연 고객이 원하는 제품일까?

밀키트 전문점의 맛과 서비스가 과연 대기업 HMR, 맛집 RMR보다 나을까? 마트에서 판매하는 '매운탕'과 같은 밀키트와 신선한 식재료보다 더 낫다고 할 수 있을까? 집 근처 맛집에서 이미 만들어진 요리보다 어떤 부분이 더 나을까?

만약, 아직 밀키트 전문점을 운영하고 있는 대표님이 계시다면 다음의 세 가지 질문을 생각해보시길 권한다.

우리 매장을 찾는 고객에게 우리는 경쟁서비스인 마트, 대기업HMR, 맛집RMR과 비교해서 어떤 부분에서 더 나은 선택이 될 수 있게 할 것인가?

더 나은 선택이 될 수 있게 우리는 무엇을 할 수 있을까?

지금의 밀키트 전문점 운영 경험을 살려 다음에 무엇을 할 것인가?

우리의 도전은 끝이 없다.

지금 '밀키트 전문점'을 최고의 매장으로 만드는 것이 우리의 최종목표는 아닐 것이다. 지금의 소중한 경험과 노력, 그리고 이를 바탕으로 한 다음의 도전. 그래서 지금이 소중하다.

아마존의 제프 베조스는 1995년 온라인 서점으로 사업을 시작했다. 하지만 그의 창업 당시 목표는 단순히 '책' 판매가 아니었다. 고객과 제조업체를 연결하여 전 세계의 모든 상품을 판매하는 온라인쇼핑회사가 궁극적인 꼴이었다. 하지만 처음부터 모든 것을 취급하기에는 자금도 인력도 없었다.

제프 베조스가 책을 선택한 이유는,

① 고객이 온라인에서 최소 정보로 구매 가능한 제품.
② 한정된 유통업체를 통한 제품 공급 판매 가능.
③ 오프라인 최대규모 서점 대비 많은 장서 보유 판매 가능.
④ 책 판매를 통해 확보한 고객데이터 외 사업기반(UI, UX, 리뷰시스템 등)을 활용한 타 상품으로의 확장 가능성.

제프 베조스는 결코 무리하지 않고 지금 할 수 있는 것에서 방법을 찾았다. 지금의 도전이 다음 도전으로 이어져 성공에 이른 아마존은 책에서 시작해 1998년 DVD를 비롯해 다양한 상품으로 확대하며 창업 초기에 꿈꾸던 목표를 실현하고 있는 대표적인 사례이다.

어려운 상황에 처해 있는 많은 대표님들, 지금, 이 순간의 어려움을 헤쳐나가기 위한 방법으로 위에서 제시한 '지금의 문제를 해결하고 미래로 연결할 수 있는 3가지 질문'을 활용하시길 바란다.

이러한 질문의 답을 찾는 과정에서 우리의 사업은 성공으로 다가갈 것이다.

 핵심 치트키 Check!

- 우리의 최종 목표는 지금 하는 일을 잘하는 것이 아니다. 지금의 사업을 바탕으로 더욱더 큰 사업으로 키워나가는 것이 최종목표이다.
  ① 경쟁서비스와 비교해서 우리가 어떻게 해야 더 나은 선택이 될지 연구하자.
  ② 고객에게 있어 더 나은 선택이 될 수 있게 개선해 나가자.
  ③ 지금의 사업을 통해 어떻게 성장해 나갈지 생각하고 실천하자.

시그니처 중심 비즈니스 전략

정말 좋은데 고객분들이
안 찾으세요

'많은 고객분이 기본 와플만 주문하세요. 맛있기는 한데…. 이번에 새로 만든 메뉴가 있는데 이건 찾지도 않으시고… 새로운 메뉴를 고객분들이 좋아해 주시면 앞으로 더 잘될 것 같은데요.'

'혹시 고객분들에게 새로운 메뉴를 추천하시나요?'

'아뇨, 오시면 거의 다 기본 와플만 찾으셔서요. 추천할 기회도 없네요.'

이런 상황에서 우리는 어떻게 하면 좋을까?

공들여 만든 메뉴가 고객의 선택을 받지 않는 경우에는 준비한 입장에서 마음이 많이 속상하게 된다. 게다가 기존 메뉴 인기도 정체상태라면 할 수 있는 것이 별로 없다는 생각도 들 수 있다.

이때의 솔루션은 '메뉴 최상단에 신규 메뉴를 시그니처 메뉴로 표시하고, 고객분들이 추천메뉴를 물어보시면 신규 메뉴를 적극적으로 제안하는 것'이었다. 과연 어떻게 되었을까?

기본 와플은 전체 매출의 30%에서 20%로 하락했지만, 신규 메뉴는

5%에서 15%로 되어 매출과 수익 모두 증가하였다. 기본 와플의 50% 이상 수준까지 올라오며 고객의 선택을 받았다는 의미이다.

　실제 실행하신 대표님의 말씀을 들어보니 의외로 추천을 희망하시는 고객분들이 많다고 한다. 그리고 메뉴 첫 번째에 올린 것만으로 고객분들이 자발적으로 주문하시는 경우도 반 정도 되었다는 이야기였다. 솔루션을 제안한 입장에서도 짧은 시간 안에 일어난 차이라 놀라운 일이었다. 우리가 고객을 생각하고 고객에게 제안하는 과정에서 고객의 입장을 이해한다면 우리의 새로운 접근방법은 분명 고객의 반응을 이끌어낼 수 있다. 이 사례 역시도 마찬가지이다.

　'시그니처'란 '대표적인 것'을 의미하며, 식음료 시장에서 일반적으로 시그니처 메뉴란 가장 자신있게 선보이거나 대표적으로 내세우는 다른 곳에서 팔지 않는 특별한 메뉴를 의미한다. 시그니처 메뉴는 그 매장의 브랜드 이미지로 각인되고 고객이 찾아올 수 있게 만드는 강력한 힘이 된다.[24] 또한 시그니처 메뉴를 통해 브랜드는 하나의 메뉴에 집중적으로 마케팅을 진행할 수 있게 되어 효과적인 광고 노출이 가능해진다. 고객 입장에서는 검증된 실패하지 않는 선택을 통해 만족을 얻을 수 있게 된다.
　그렇다면 이렇게 중요한 시그니처는 음식 메뉴에만 해당하는 것일까?

---

24) IT조선, 시그니처 메뉴가 뭐지? 2022.07.15.

스타벅스에서 여름과 겨울에 진행하는 프리퀀시 이벤트는 어떤가?

왠지 겨울이 되면 스타벅스 플래너를 선물로 주는 프리퀀시 이벤트에 참여하고 있는 자신을 보게 될 것이다. 물론 프리퀀시 상품 품질 문제로 뉴스가 된 적도 있지만. 한여름 그리고 연말이 되면 항상 생각나는 스타벅스의 '프리퀀시 이벤트', 이 역시도 스타벅스의 대표적인 '시그니처 이벤트'라고 할 수 있을 것이다.

즉, 다른 브랜드와 차별성 있게 '고객에게 스타벅스만의 브랜드 이미지로 각인되어 찾아올 수 있게 만드는 강력한 힘'으로써 '프리퀀시 이벤트'가 역할을 하고 있는 것이다.

다시 정리해 보자.

첫째, 고객은 제안을 원한다.

제안하는 입장에서는 광고 같아서 부담스러울 수 있지만, 고객은 다르다.

둘째, 차별화된 제안을 준비하고 고객에게 제시한다.

모든 메뉴, 모든 제품이 아니다. 하나에 집중하자. 결국 파레토법칙이다. 80%의 매출이 시그니처에서 나온다.

셋째, 고객의 긍정적 반응을 중심으로 집중적으로 노출한다.

시그니처를 중심으로 노출하고, 고객은 시그니처를 선택하고, 시그니처에 만족한 고객이 재구매로 이어지게 된다.

시그니처, 우리와 고객에게 새로운 가치를 가져다주는 성공의 'Key'가 될 수 있다.

스타벅스가 예전에 사용하던 메뉴판의 왼쪽 최상단에 있던 메뉴는 무엇이었을까? 바로 '에스프레소'였다. 이 때문에 우리나라의 거의 모든 커피전문점의 '금쪽같은' 최상단 메뉴는 거의 대부분 '에스프레소'가 차지하게 되었다. 근데 우리나라 사람들 중에 카페에서 에스프레소 마시는 사람이 몇 명이 될까? 5%도 안 될 것이다. 게다가 에스프레소는 가장 저렴한 메뉴라 카페 입장에서도 그다지 좋아하는 메뉴가 아니기도 하다. 그럼에도 불구하고 메뉴 왼쪽 상단에 있었던 이유는?

스타벅스는 창업 당시 이탈리아의 에스프레소바를 컨셉으로 만들어진 브랜드이다. 그래서 '에스프레소바'의 정체성을 가져오고자 시그니처로 '에스프레소'를 넣은 것이다.

실제 이탈리아에서는 많은 사람들이 에스프레소를 찾는다. 카페 카운터에 서서 에스프레소에 설탕 넣고 한 번에 마시고 가버리는 정도이다. 그런 측면에서 창업 초기의 스타벅스의 선택은 맞았다.

하지만 지금의 스타벅스는 그렇지 않다. 카테고리를 에스프레소로 검색해도 '아이스 푸른 용 헤이즐넛 라떼'가 최상단에 노출되고 있다(2024년 01월 기준). 2024년 푸른 용의 해를 활용한 2024년 한정 '시그니처 메뉴'이다.

우리도 스타벅스처럼 '시그니처'로 다른 브랜드와 차별성을 갖고 고객에게 더 다가갈 수 있도록 하자. '시그니처'가 있을 때 우리의 광고는 고객의 마음속에 더욱 더 강력하게 전달될 것이다.

아무것도 시그니처로 할 것이 없다면 먼저 경쟁업체가 하는 것부터 찾아보며 우리 것을 만들어보자.

핵심 치트키 Check!

- 고객에게 우리의 브랜드 이미지를 각인하고 선택하게 만드는 힘을 '시그니처' 는 갖고 있다
- 시그니처를 활성화 하기 위한 방법

  ① 고객은 제안을 원한다는 전제를 갖는다

  ② 차별화된 시그니처 제안을 준비하고 고객에게 제안한다

  ③ 고객의 긍정적인 반응을 중심으로 집중적으로 노출하며 추가적인 고객의 선택을 유도한다

마케팅을 이해하고
광고하자

마케팅전략 기반 홍보

홍보나 마케팅이나 같은 거 아닌가요?

'지금 진행하고 계신 마케팅전략에 대해 설명 부탁드려요.'

'저희는 마케팅전략이랄까, 노출에 집중하는 것이고요. 매달 광고비로 ○백만 원을 쏟아붓고 있습니다.'

'마케팅=홍보=광고'로 생각하고 계신 업체분들께서 상당히 많은 것을 현장에서 확인할 수 있다.

실제로 나눠보면, 홍보는 마케팅전략의 일부분이고, 그중에서 광고는 홍보의 일부분인 것이다. 우리가 '노출'을 가장 중요하게 생각하다 보니 광고가 마케팅의 모든 것이 되는지도 모르겠다. 우리가 얘기하는 광고가 홍보, 그리고 마케팅의 일부분이라면 우리는 어떻게 해야 마케팅전략을 세워 더 효과적으로 홍보와 광고를 진행할 수 있을까?

다음의 그림을 보자.

새로운 업체와 마케팅컨설팅을 처음 시작할 때 총 4단계의 컨설팅 프로세스를 소개하게 된다.

1단계: 현황 및 환경분석

2단계: 고객분석 및 경쟁력 도출

3단계: 마케팅전략 수립

4단계: 실행계획 수립

맨 처음 우리가 해야 하는 것은 우리가 처한 상황, 우리의 역량, 그리고 경쟁업체 분석을 통해 우리의 경쟁력이 과연 어떠한 것인지 알아보는 것이다.

이를 기반으로 타겟 고객이 누구인지 알아보고 STP분석과 같은 방법을 써서 그 타겟 고객을 구체화한다.

STP분석은

Segmentation	고객을 세분화하는 것. 다음 표와 같이 세부적인 구분을 활용, 다양한 고객층으로 나누는 것
Targeting	세분화한 고객 중에 우리와 가장 맞는 고객이 누구인지를 정하는 것, 다음 표의 짙은색 부분
Positioning	경쟁업체와 비교해서 우리가 어떤 장점을 강조할지에 대해 정하는 것을 의미

(주)○○○ 전문점 프랜차이즈 시장 세분화							
지리적	도시규모	서울	광역시	지방 대도시	지방 소도시	기타	
인구통계학적	성별	남성	여성				
	연령	20대	30대	40대	50대	60대	70대이상
	가족생애주기	독신	결혼(자녀X)	결혼(자녀유아)	결혼(자녀학생)	자녀출가	노년층
	직업	무직	비정규직	정규직	전문직		
	소득	~2천만원	2~3천만원	3~4천만원	4~5천만원	5~6천만원	6천만원~
	교육수준	고졸	대졸	대학원졸 이상			
	사회적계층	하류층	중하층	중산층	중상층	상류층	최상류층
심리도식적	라이프스타일	의욕저하형	지가중심형	미시개성형	일벌레근실형	적극활달형	보수안정형
	생활형태	실내활동 중심	업무활동 중심	야외활동 중심			
행동적	요리경험	직접 조리	가끔 조리	간식 조리	외식 중심	외식 외존	
	추구편익	가격	브랜드	맛/품질	전문성	재료	소통
	방문경험	없음	1회 방문	2회이상 방문			
	방문사유	간편한 식사	건강한 식사	특별한 식사	모임 식사	행사 식사	
	방문유형	1인방문	자녀와 함께	가족과 함께	지인과 함께	배달	
	브랜드충성도	매우 높음	높음	보통수준	낮음	매우낮음	
	구매정보	지인 추천	매장 추천	인터넷 검색	인터넷 추천	매체 광고	거주지역 부근
	주요 주문메뉴	죽류	미역국류	뚝배기류	건강식	기타메뉴	포장제품

이 단계까지 우리는 우리 자신과 외부 환경을 분석한 다음, 우리의 고객을 정하고 어떠한 부분을 더 강조하고 차별화할지를 정하게 된다. 많이들 들어보셨을 SWOT분석도 이와 동일한 목적을 갖고 있다.

이 단계에 이르러서야 비로소 어떻게 마케팅전략을 진행할지 정하게 된다.

마케팅전략은 기본적으로 4P전략이라고 해서 Product(제품), Price(가격), Promotion(홍보), Place(유통)의 총 4가지 분야에서 세부적으로 어떻게 할지를 정하는 것이다.

맞다, 여러분들이 '마케팅=홍보=광고'라고 생각하던 바로 그 '홍보'가 여기에서 나오게 된다.

그럼, 마케팅전략인 4P전략에서 홍보 외에 다른 것들은 왜 필요할까?

우리는 앞서 우리의 장점을 활용한 차별화 요소를 찾고, 우리에게 적합한 타겟 고객을 확인할 수 있었다. 이들 타겟 고객에게 우리를 어필하는 방법을 찾는 것이 바로 마케팅전략이다. 이런 측면에서 우리는 타겟 고객이 다른 경쟁제품(서비스)보다 우리를 더 잘 선택할 수 있도록 '홍보' 외에도 아래와 같은 다양한 전략을 세워야 한다.[25]

① Product(제품)전략: 타겟 고객 니즈에 맞게 현재 제품(서비스)을 일부 수정, 패키지 세트화, 기능 단순화(복잡화) 등을 통해 고객이 선호하는 형태로 개선한다.
② Price(가격)전략: 제품전략을 통해 개선된 제품의 가격구조를 수정하여 고객이 가성비를 느낄 수 있도록 한다.
③ Place(유통)전략: 온라인 및 오프라인 판매채널을 구분하여 어느 채널을 통해 개선된 제품을 판매하고 노출할지를 정한다.
④ Promotion(홍보)전략: 자체 홍보채널, 고객채널, 광고채널의 3가지 채널을 활용해서 우리 타겟 고객에게 최대한 효과적으로 노출하고 커뮤니케이션할지를 정하고 실행하는 것이다.

실제 컨설팅을 진행해보면 타겟 고객을 구체적으로 정하지 않거나, 우리의 강점 요소를 명확하게 도출하지 않은 상태에서 타 업체와 비슷한 포맷으로 벤치마킹해서 홍보하는 데 집중하는 경우가 많다. 이렇게 해서는 고객이 경쟁업체 제품과 우리를 헷갈릴 뿐이다.

앞서 설명한 마케팅전략과 우리가 지금 운영하고 있는 '홍보'와는 어

---

25) '2_2. 광고하기 전에 먼저 챙겨야 할 작업'이 필요한 이유이다.

떤 차이가 있는지 확인해 보자.

그리고 마케팅전략의 프로세스에서 우리가 어떤 부분을 놓쳤는지 확인하고 지금부터라도 보완해 보자. 이러한 마케팅의 접근방식을 나와 함께하는 회사 직원들의 몸에 익숙해질 수 있도록 함께 방법을 만들어 가자.[26]

핵심 치트키 Check!

- 광고는 홍보의 일부분이고, 홍보는 마케팅전략의 일부분이다(광고〈홍보〈마케팅).
- 마케팅전략은 타겟 고객에 대한(STP분석) 제품 개선, 가격 수정, 판매루트 조정확대, 홍보방법 설정(4P MIX 전략)이 포함된 것이다.
- 광고는 마케팅전략을 통해 나온 홍보방법을 통해 목표를 설정하고 진행하는 것이 효과적이다.

---

26) 직원 모두가 하나의 마케팅 목표를 공유하고 실행하는 것을 IMC마케팅(전사적통합마케팅, Integrated Marketing Communication)이라고 한다.

타겟 고객 대상 온오프라인 연계 홍보

광고는 온라인이 대세 아닌가요?

'전단지 광고 같은 오프라인 광고는 하시나요?'

'에휴, 컨설턴트님, 요즘 전단지를 보는 사람이 누가 있다고 전단지 광고를 해요.' '그러시면 다른 광고는 어떤 것을 하고 계세요?' '어느 것이 광고효과가 좋은지도 모르겠고, 지금 하고 있는 광고는 없네요.'

전단지를 뿌리고 회수되는 것을 보면 전단지 광고는 효과가 없다고 할 수도 있겠다. 회수율이 평균 1%도 안 되니 말이다. 그럼 전단지 광고는 정말 효과가 없다고 할 수 있을까?

광고의 '효과'는 무엇이 있을까?

광고를 하는 이유는 광고 태도, 광고 신뢰도, 구매 의향과 같은 '소비자의 반응'을 얻는 것이다.

① 광고 태도: 광고에 대해 고객의 호의적 반응 유도.

② 광고 신뢰도: 광고를 통한 브랜드 신뢰도 개선.

③ 구매 의향: 광고를 통해 제품(서비스)을 구매하고자 하는 니즈 확보.

그렇다, 광고는 구매 전환뿐만 아니라 고객으로부터 브랜드에 대한 긍정적 태도와 신뢰도를 높이는 효과를 얻을 수 있다.

그렇다면 앞서 예를 든 '전단지'로 다시 돌아가보자.

전단지 효과는 한 번 배포를 해서 고객 유입으로 회수되는 숫자만이 다는 아니다. '이런 곳이 있었네!' 하면서 고객의 머릿속에 각인되는 것이 또 다른 광고의 효과라고 할 수 있다. 그래서 우리 제품과 연관된 니즈가 생길 때, 머릿속에 떠오르는 브랜드 3개 중에 하나가 될 수 있다면 광고의 효과로 충분한 것이다.

그렇다면 한 번의 '전단지' 광고로 이러한 브랜드 각인이 가능할까?

아니다. 최소한 분기별(계절별) 1회 이상 전단지 광고를 통해 각 계절에 맞는 '이벤트'성 콘텐츠를 담아서 광고를 해야 고객의 머릿속에 우리 브랜드가 남게 될 것이다. 만약, 기존에 제작한 전단지를 그대로 1년 내내 쓴다면? 아마도 똑같은 콘텐츠의 광고를 받아든 고객은 받자마자 보지도 않고 쓰레기통에 버릴 것이다.

이렇게 생각해 보자.

집 앞 'A'슈퍼마켓 전단지는 우리가 한 번씩 내용을 확인하고 버린다. 왜 그럴까? 그건 매주 바뀌는 가성비가 최고인 할인상품 리스트들 때문일 것이다. 우리는 전단지를 매번 보면서 'A'슈퍼마켓은 '역시 싸네'라는 인식을 하게 될 것이다. 그리고 장 볼 일이 있을 때 'A'슈퍼마켓을 찾게 된다.

따라서 우리는 온라인 광고와 마찬가지로 오프라인 광고 역시 아래와 같은 룰에 따라서 진행해야 한다.

① 매번 바뀌는 광고 콘텐츠(시즌별, 상품별 등).
② 광고가 아닌 '정보'로서의 콘텐츠(할인상품, 이벤트, 신제품, 생활정보 팁 등).
③ 주기적 노출하는 광고(분기별, 반기별, 월별 등).

온라인쇼핑이 오프라인을 넘어선 요즘, 온라인 광고보다 오프라인 광고의 효과가 더 높다는 이야기를 하는 것은 아니다. 대세는 역시 온라인이다. 다만, 온라인에 충분히 효과적인 광고와 노출이 어려운 경우, 온라인에서 충분히 노출되고 있더라도 더 넓은 고객층을 타겟으로 하는 경우, 그리고 지역에 한정된 집중적인 노출이 필요할 때 오프라인 광고는 무시할 수 없는 대안이 될 것이다.

한때 강남역, 홍대 등 젊은 층이 밀집하는 지역의 지하철역, 쇼핑센터를 도배한 모바일게임 '클래시오브클랜' 광고에 깜짝 놀란 적이 있을 것이다. 실제 이 업체는 수백억 원대 광고비로 지하철 전 역사에 스크린도어 광고를 비롯하여 광고 노출  을 진행했다. 이 업체는 왜 삼성도 하지 않는 대규모 오프라인 광고를 한 것일까?

이 게임의 주요 타겟 고객층으로 지하철 등 대중교통 출퇴근자를 설정하고, 사전 광고 노출 테스트를 통해 광고비 대비 고객 전환과 인지도 개선 효과 검증을 마치고, 대대적인 광고를 집행한 것이다.

실제 이들의 광고 대비 효과는 어떻게 나왔을까?

당시 광고비 지출 4,800억 원, 수익 6,200억 원으로 순이익 1,400억 원[27]이었다고 하니 광고효과가 충분히 나왔다고 할 수 있겠다.

우리의 고객을 만나는 곳은 온라인에 한정된 것이 아니다.

우리는 온라인과 더불어 오프라인에서도 다양한 고객을 만날 수 있다. 이들 고객에게 매출뿐만 아니라 우리의 브랜드 인지도를 높이는 것이 '광고'의 목적이다.

따라서 우리는 온라인에서 하듯이 오프라인에서도 '광고'가 아닌 '정보' 콘텐츠를 고객에게 제시하고 우리의 존재를 어필하자.

핵심 치트키 Check!

- 전단지는 효과가 없는 것이 아니다. 중요한 것은 우리의 타겟 고객에게 잘 전달되는 채널을 활용하는 것이다. 정보로써 광고 콘텐츠를 제시하자.
- 온오프라인 광고를 할 때
  ① 타겟고객에 맞는 매번 바뀌는 광고 콘텐츠(시즌별, 상품별 등)
  ② 광고가 아닌 '정보'로서의 콘텐츠(할인상품, 이벤트, 신제품, 생활정보 팁 등)
  ③ 주기적 노출하는 광고(분기별, 반기별, 월별 등)

---

27) 2015년 실적 기준

마케팅 목표와 실적 연계 광고 운영

41 광고하는 이유는 매출 때문 아닌가요?

'이번에 광고 진행하셨는데 진행 결과는 어떠셨어요? 광고효과를 측정하는 지표는 어떤 것을 쓰고 계세요?'

답변 A: '매출이 가장 중요하죠, 5천만 원 정도 늘 걸로 생각했는데 생각보다 쉽지 않네요.'

답변 B: '꽤 효과가 있네요. 매출뿐만 아니라 CAC랑 Retention[28]을 중요하게 보는데 기존보다 나아진 걸로 나오네요. 다 광고효과라고 할 순 없겠지만 전체적으로 괜찮게 나오고 있어요.'

유튜브를 보면 네이버 스마트스토어에서 성공한 사람이 나와서 자신은 매출의 10% 이상 네이버쇼핑 광고 비용으로 쓴다고 한다. 그의 말에 의하면 광고로 판매가 이뤄지기는 하지만 그다지 많지는 않단다. 대신 그만큼 광고로 자신의 상품이 노출되고 그 덕분에 자연 유입을 포함한 전체 매출이 나오게 된다는 접근이었다. 나름 온라인쇼핑 현장에

---

28) CAC: Customer Acquisition Cost 고객획득 비용, Retention: 고객유지

서 갈고 닦은 경험의 일면을 느낄 수 있다. 그의 말이 다 맞다고 할 수는 없지만, 그래도 광고가 자신의 브랜드 인지도를 높이고 고객의 뇌리에 남아 다음에 다른 상품을 판매할 때 긍정적 영향을 미칠 가능성이 있다는 것에는 동의한다. 이는 광고의 효과 중 하나인 인지도 향상과도 일맥상통하는 것이다. 다만, 그의 경우에는 그만큼 시행착오를 겪은 다음에 나온 나름의 '접점'이 매출의 10%였을 것이다. 일반 제조업의 경우에는 광고비 3%도 부담스러울 것이다. 따라서 우리는 우리만의 광고비 접점을 찾아야 하는 숙제가 있다.

그럼 광고를 하는데 있어서 우리는 돈과 그 '접점'만 준비하면 될까?

요즘은 네이버와 같은 광고채널, 판매채널에서 다양한 분석 지표를 자동으로 계산해서 알려준다. 심지어 아래 와디즈만 보더라도 광고 집행에 따른 평균 CTR, CVR, CPA[29]를 알려주고 있다.

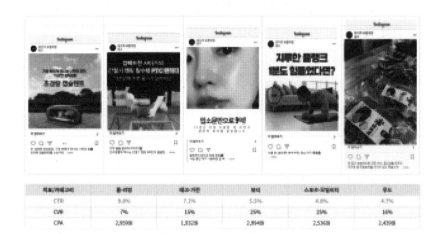

채널/카테고리	홈·리빙	패션·잡화	뷰티	스포츠·모빌리티	푸드
CTR	9.8%	7.1%	5.5%	4.8%	4.7%
CVR	7%	15%	25%	15%	16%
CPA	2,950원	1,912원	2,994원	2,536원	2,439원

---

29) CTR: Click-Through-Rate, 노출 대비 클릭률, CVR: Conversion Rate, 전환율, CPA: Cost-Per-Action, 액션 전환비용

이러한 지표를 통해 우리가 타업체 평균과 비교해서 어느 정도 광고 효과를 얻고 있는지를 알 수 있다. 또한 이 지표들을 분석함으로써 우리 제품이 타겟 고객들에게 어느 정도 반응하고 있는지 역시 확인할 수 있다.

와디즈의 경우 CTR, CVR, CPA 지표를 제공해주는데, 과연 우리에게 있어 이들 지표만이 가장 중요한 숫자일까? 아니면 매출액과 수익만이 우리에게 지금 가장 중요한 지표일까?

상황에 따라서는 NPS가 필요한 때도 있다.[30] NPS(Net Promoter Score)는 지인에게 추천하고 싶은지 여부에 대해 고객 조사를 한 것으로 최소 20% 이상일 때 긍정적이고 50% 이상 시 우수한 것으로 평가한다. 참고로 사업 초기의 아마존은 25%, 유튜브는 59%였다.

이와 같이 광고를 하기 위해서는 사전 준비가 필요하게 된다. 광고를 포함한 마케팅을 진행할 때 우리는 총 4가지 준비와 액션이 필요하다.

① 마케팅 목표: 이번 마케팅을 통해 우리가 얻고자 하는 최종목표.
② 마케팅 계획: 마케팅 목표를 달성하기 위한 세부 일정 계획.
③ 마케팅 KPI: 마케팅 목표를 달성하기 위한 세부 지표(기존 대비 광고효과 측정 가능한).
④ 피드백/액션: 마케팅 계획 및 KPI를 통해 실제 마케팅 진행 점검을 통해 계획 수정 보완, 실행.

위와 같은 4가지 요소를 '피부관리 홈케어제품'이라고 하는 예에 대

---

30) 성공 알고리즘 24. 우리 고객분들은 만족한다고 하세요 참조

입해 보자.

① 마케팅 목표: 신제품 '나노X(가칭)'의 초기 시장진입을 위한 초기 고객 확보 및 인지도 확보.

② 마케팅 계획: 와디즈 펀딩을 통한 진행(1월 중 상세페이지 제작 완료, 2월 내 서포터 모집, 3월 중순 펀딩 오픈 추진).

③ 마케팅 KPI: 초기 고객 확보 관련 KPI(서포터, 구매자 수), 인지도 확보 관련 KPI(CTR, CPA, 홈페이지 방문자 수 추이, 자체 SNS채널 신규 가입자수, 고객 바이럴 수).

④ 주차별 KPI 분석을 통한 초기 고객 확보 및 인지도 증가 결과 확인을 통해 대외광고 증가 등 방법 추진.

이런 형태로 각 단계별 세부 내용을 정리해 볼 수 있다면 우리의 광고는 지금보다 좀 더 효과적으로 운영될 수 있고, 비로소 우리가 목표로 하는 매출 증가와 같은 결과를 얻을 수 있을 것이다.

그러면 이렇게 단계별 내용을 정리하는데 있어 우리의 현재 상황은 어떤지 아래의 5개 질문에 답해 보면서 다시 점검해 보자.

① 우리가 지금 마케팅을 하는 이유는 무엇인가? 3개월 후의 우리를 상상해 보자.

② 지금 정해 놓은 KPI는 무엇인가? 매출이 가장 중요한가? 구매전환율이 가장 중요한가?

③ 왜 해당 KPI가 중요하고 그것이 우리의 시장진입(또는 점유확대)에 어떤 효과가 있는가?

④ KPI대비 지금까지 진행한 마케팅 실적은 어떤가?

⑤ 실적에 대해 어떻게 평가하고 개선하고자 하는가?

마케팅을 실시하고 광고를 하는데 있어 각 업체별로 목표는 다 다르다. 왜냐하면 처한 상황과 그에 따라 필요한 것이 다르기 때문이다. 우리가 '매출과 가격'에 집착하듯 목표를 '매출'에만 한정하지 않기를 바란다.

'매출'은 같이 따라오는 숫자이지 유일한 목표가 될 수는 없음을 잊지 말고 우리에게 필요한 목표를 설정하고 이를 확인할 수 있는 KPI를 통해 효과를 점검하면서 더 나은 효과가 나올 수 있도록 수정하고 보완하도록 하자.

핵심 치트키 Check!

- 광고를 하기 전에는 반드시 광고를 통해 얻을 목표를 정하자.
- 광고를 할 때 준비해야 할 것

  ① 마케팅 목표: 이번 마케팅을 통해 우리가 얻고자 하는 최종목표
  ② 마케팅 계획: 마케팅 목표를 달성하기 위한 세부 일정 계획
  ③ 마케팅 KPI: 마케팅 목표를 달성하기 위한 세부 지표

- 광고를 집행하기 전 핵심 체크와 보완방법

  ① 우리가 지금 마케팅을 하는 이유는 무엇인가?
  ② 지금 정해 놓은 KPI는 무엇인가?
  ③ 왜 해당 KPI가 중요하고 그것이 우리의 시장진입에 어떤 효과가 있는가?
  ④ KPI대비 지금까지 진행한 마케팅 실적은 어떤가?
  ⑤ 실적에 대해 어떻게 평가하고 개선하고자 하는가?

광고해야 하는데 어디에 맡겨야 할까요?

'대표님, 이번 온라인광고는 어떻게 진행하시게 되셨어요?' '아, 그거요? 제가 아는 지인 업체에서 페북광고를 했는데 바로 효과가 있었다고 해서요. 그런데 왠지 우리하고는 안 맞는지, 광고 맡긴 업체도 별로고, 반응도 영 아니네요.'

왜, 항상 다른 업체는 되는데 우리는 안 되는 걸까? 그리고 우리하고 일하는 마케팅업체는 왜 제대로 안 챙겨주고 연락할 때마다 이런저런 핑계만 대는 걸까? 마케팅업체는 다 사기꾼인가?

이 질문에 반은 맞고 반은 틀리다. 왜냐면 마케팅업체는 스스로 움직이지 않는다. 즉, 우리가 시키는 만큼 일한다고 보면 된다. 그러면, 우리가 제대로 못 시키면? 이런 경우, 그들은 일을 최소한으로 하는 것을 컨설팅을 하면서 많은 케이스에서 확인할 수 있었다. 한편으로 그런 경우가 많다 보니 마케팅업체에선 효율적?으로 일하면서 수익을 얻고 있는지도 모르겠다.

이곳저곳 전화로 광고를 하고, 효과가 안 나면 돈을 돌려준다는 마케팅업체들. 과연 그 마케팅업체는 스스로 마케팅을 잘하고 있다고 할 수 있을까?

광고효과가 나게 서비스를 잘하고 있다면 바이럴이 되어서 그런 전화를 돌리지 않아도 충분히 일감은 확보할 수 있을 것이다. 그 정도도 안 돼서 전화를 돌린다면? 그건 믿을 만한 마케팅업체라고 볼 수 없다. 그들 스스로 마케팅과 서비스 품질을 개선하는 게 먼저다.

그리고 또 하나는 전화를 거는 많은 사람들은 실제 우리의 광고 업무을 맡아서 하는 담당자가 아니다. 영업사원 또는 영업을 통해 커미션(Commission, 수수료)을 받는 사람인 케이스가 대부분이다. 즉, 우리가 광고 계약을 하고 나서 실제 마케팅을 진행할 때는 처음 계약까지 이뤄지기 위해 열심히 응대해주던 그 사람이 아닌 다른 사람(마케팅 담당자)과 커뮤니케이션해야 하는 경우가 많다. 그들은 실무적으로 우리에게 요구하고 그 요청에 우리가 제대로 대응하지 못한다면 효과적인 광고는 어려워진다.

이것이 지인 업체가 효과를 본 마케팅 방법이라 할지라도 우리에게 효과적이지 않은 결과를 가져오는 경우가 많은 이유이다.

광고ⓘ 와인
매일 새로운 와인을 즐겨보세요
영업 전 · 리뷰 10 · 서울 강남구

광고ⓘ 강남본점 일식당
맛집 고민,오늘은 블랙카츠
영업 전 · ★4.92 · 리뷰 999+ · TV 생방송오늘저녁

앞의 이미지는 네이버에서 '맛집'으로 검색했을 때 상위에 노출된 '광고'이다.

두 개 매장 중 여러분은 어디를 갈까?

아마도 멋지지만 리뷰 10개인 곳보다는 리뷰가 1,000개가 넘게 달린 오른쪽 매장을 선택할 가능성이 훨씬 높을 것이다. 광고를 하는 것도 중요하지만, 리뷰와 같이 광고를 하기 전에 '고객들의 선택을 유도하는 요소'를 준비하는 것은 광고효과와 고객 전환율을 높이는 데 무엇보다도 중요한 부분이다.

그렇다면 우리는 어떻게 광고를 맡겨야 할까?

광고 대행을 진행할 때 우리가 꼭 챙겨야 할 7가지 요소를 프로세스 단계별로 정리했다.

1단계: **내가 모르면 당한다.**
- 알아서 해주지 않는다. 경쟁업체 벤치마킹, 마케팅 연구를 통해 광고에 대한 노하우를 습득하자.

2단계: **광고에 필요한 최소한의 사전 준비가 필요하다.**
- 광고는 판매와 인지도 향상이 목적이다. 전환율을 높이기 위한 볼거리, 리뷰와 같은 요소 준비가 중요하다(자체 홈페이지, 인스타그램, 네이버 등 정보 관리 포함).

3단계: **다양한 업체와 비교하고 결정한다.**
- 연락 오는 마케팅업체가 아닌, 홍보효과가 높아 인지도가 있는

업체 중심으로 기존에 진행한 성공사례를 확인하여 비교해서 업체를 선정한다.

4단계: 계약기간은 짧게(3개월 이하).
- 비싸더라도 계약기간을 3개월 이하로 하고 업체의 대응과 광고효과 확인이 필요하다. 필요하면 2개 이상 업체에 나눠서 광고를 진행하면서 비교하는 것이 좋다.

5단계: 구체적으로 무엇을 필요로 하는지 요청한다.
- 마케팅업체와 광고 전에 사전미팅을 통해 광고 방향, 전환율 등 목표설정을 명확히 한다. 광고에 필요한 지원사항을 체크하고 제공한다.

6단계: 진행과정을 체크한다.
- 광고가 진행되는 과정에서 매월 보고서를 확인하고 기존 목표와의 차이를 파악한다(광고 유입률 등). 개선점을 찾아 광고의 수정보완을 요청한다.

7단계: 잘하는 업체와 같이 간다.
- 광고효과가 만족스러운 경우, 잘하는 업체와 지속적으로 계약하고 중장기적으로 광고파트너로 활용한다.

내가 모르는 마케팅을 도와줄 마케팅업체를 만나는 것은 너무나도 어려운 일이다. 내가 먼저 마케팅에 대해 배우고 또 잘하는 업체를 연구하고 작게라도 여러 광고를 하나씩 해보면서 우리에게 적합한 마케팅을 찾아 나가는 것이 필요하다. 그리고 우리에게 맞는 마케팅업체를 찾는 것 역시 돈만 있어서 되는 것이 아닌, 위의 방법을 계속해 나가면서 가능한 일이다.

마지막으로 우리가 광고를 한다면, 우리는 지금보다 더 많이 '우리가 직접 할 수 있는 마케팅'을 해야 효과적으로 고객 전환을 이룰 수 있는 것임을 잊지 말자.

 핵심 치트키 Check!

- 우리가 광고를 알아야 제대로 대행사에 일을 시키고 결과를 얻을 수 있다.

- 광고를 대행사에 맡길 때는
  1단계: 광고를 먼저 공부하고 기본적 내용을 파악하자.
  2단계: 광고에 필요한 최소한 사전준비(목표, 자체 온라인채널 등)를 하자.
  3단계: 다양한 업체를 비교해서 결정한다.
  4단계: 계약기간은 비싸더라도 3개월 이내로 짧게 하고 결과를 본다.
  5단계: 업체에 구체적으로 광고에서 어떤 것을 목표로 하는지 제시한다.
  6단계: 업체에서 광고를 진행하는 과정을 체크한다.
  7단계: 과정, 결과가 만족스러운 업체와 함께 추가로 광고를 진행한다.

43

우리 사업은 데이터랄 게 없는데요?

'대표님, 지금 하고 계신 사업에서 데이터라고 할 수 있는 정보 중에 어떤 것들을 수집하고 계세요?'

'데이터요? 저희 같이 중소기업에서는 데이터라고 할만한 게 솔직히 없어요. 그래도 요새 데이터 갖고 하지 않으면 살아남기 힘들다고 해서 어떻게든 그쪽으로 전환은 해야겠는데요.'

디지털 트랜스포메이션을 포함하여 최근의 사업은 데이터 기반이 아니면 차별화를 이루고 기존 사업에서 추가적인 성장을 이루기 어려운 환경이 되고 있다고 할 수 있다. 가치 있는 데이터를 갖고 있다는 것이 곧 다른 업체가 따라올 수 없는 경쟁력이 되는 시대이다.

'데이터 드리븐 마케팅(Data Driven Marketing, 데이터 기반 마케팅)'을 가장 많이 활용하는 영역이 고객경험 설계 48%, 이메일 마케팅 42%, 개인화 41%, 제품/서비스 개발 36%, 유료광고 29%, 실적예측 25%, 옴니채널마케팅 10% 순[31]이라고 한다.

---

31) 백승록, 『마케팅을 바꾸는 데이터의 힘』, 갈매나무, 2023.

다시 말해 데이터를 활용해 ①효과적인 마케팅 방법 도출, ②개인화된 고객 경험의 최적화 추진, ③신규 비즈니스 개발, 이 세 가지에 모두 활용이 가능하다는 것이다.

새로운 사업 아이디어를 찾고, 이 아이디어와 기존 사업을 더욱 강화시킬 수 있고, 또 마케팅을 효과적으로 진행할 수 있게 하는 것이 바로 '데이터'의 힘이다.

활용할 가치가 있는 데이터라는 것이 우리가 직접 수집할 수 있는 것만을 의미하는 것은 아니다.

데이터는 크게 ①고객 데이터(zero party data, 고객의 선호도, 관심사, 개인정보 등), ②고객 동의 데이터(first party data, 고객 구매정보 등), ③타 기업 보유 데이터(second party data, 협력업체 고객정보), ④데이터 수집자 데이터(third party data, 구글 등 광고주 보유 비식별 데이터)로 나눌 수 있다.

따라서 우리가 수집하는 것 외에도 한국데이터산업진흥원과 같은 데이터 관련 기관의 지원사업을 활용하면 데이터 확보 비용을 절감할 수 있으며 다양한 데이터를 확보할 수 있다. 고객 온라인설문 역시 중요한 first party data 확보 방법일 수 있다.

데이터가 필요한 이유는 앞서 언급한 것과 같이 마케팅 외에도 점차 개인화되는 고객의 커스터마이징(Customizing)[32]된 서비스 개발과 고객 경험 개선에 있어 중요한 요소가 되기 때문이다.

---

32) 고객이 기호에 따라 제품을 요구하면 생산자가 요구에 따라 제품을 만들어주는 일종의 맞춤제작 서비스를 말하는 것으로, '주문 제작하다'는 뜻의 customize에서 나온 말이다.

고객이 최근에 이탈하고 있다는 데이터 지표가 있다고 하자.

과연 고객은 왜 이탈하고 있을까? 이러한 데이터를 세부적으로 분석하게 된다면 고객 이탈이 언제, 누가, 왜 하는지 알 수 있게 된다.

또한, 데이터 분석을 기반으로 우리는 언제(이탈률을 추정 가능), 누가(어느 고객층이 상대적으로 이탈률이 높은지를 확인하고 그들에 대한 집중 관리 가능), 왜(서비스에 대한 불만사항을 확인하고 서비스 개선 가능) 이탈하는지 원인을 파악하고 대안을 제시할 수 있다.

우리 고객들이 얼마나 자주 방문하는가?

이 정보를 데이터를 알 수 있는 방법이 바로 '인게이지먼트 지표'이다.

일반적으로 DAU/MAU[33] 계산식을 통해 분석할 수 있다.

만약 일 활성이용자 수가 100명인데 월 활성이용자 수가 3,000명이라면

100 / 3000 = 0.33 (3.3%) 이용자는 한 달에 1번 정도 방문한다는 뜻이다.

이러한 수치를 통해 고객이 얼마나 우리와 관계를 갖고 있는지 알 수 있으며 이를 기반으로 우리는 '인게이지먼트 마케팅' 즉, 더욱더 고객과의 관계를 가질 수 있도록 예를 들어 안내 이벤트 메시지를 전달하는 것과 같은 방법들을 전략적으로 활용할 수 있을 것이다.

우리에게 중요한 것은 첫 번째로 우수고객과 이탈고객의 차이점, 그

---

33) DAU(Daily Active User, 일간 활성유저)/MAU(Monthly Active User, 월간 활성유저)

리고 신규 유입고객의 니즈 파악이다.

이 측면에서 우리가 데이터를 통해 꼭 챙겨야 하는 것이 바로 인게이지먼트 지표와 함께 '아하모먼트'이다. '아하모먼트(Aha moment)'는 고객이 우리의 제품에서 가치를 느끼는 순간을 의미한다. 또한 아하모먼트는 우리에게 있어서는 잠재고객에서 고정고객으로의 전환이 되는 포인트이기도 하다. 아하모먼트를 간단하게 계산한다면 Retention(고객 유지)으로 확인할 수 있을 것이다.

음식점이라면 아하모먼트를 어떻게 생각해 볼 수 있을까? 예를 들어 혼자 오던 손님이 지인과 함께 오기 시작한다면 이것도 하나의 '아하모먼트'라고 할 수 있지 않을까?

우리의 '아하모먼트'는 무엇인지 생각해 보고 우리가 확보할 수 있는 데이터를 통해서 어떻게 '아하모먼트'와 '인게이지먼트 지표'를 찾을 수 있을지 연구하고 활용해야 할 것이다.

핵심 치트키 Check!

- 데이터를 통해 효과적인 마케팅 방법, 고객 만족도 개선, 신규 비즈니스 개발이 가능해진다.
- 데이터는 우리가 수집하는 것을 포함해 다양하게 있다.
  ① 고객 데이터(zero party data, 고객의 선호도, 관심사, 개인정보 등),
  ② 고객 동의 데이터(first party data, 고객 구매정보 등),
  ③ 타기업 보유 데이터(second party data, 협력업체 고객정보),
  ④ 데이터 수집자 데이터(third party data, 광고주 보유 비식별 데이터)
- 우리가 갖고 있는 데이터로 우수고객-이탈고객 차이점, 신규 유입 고객의 유입 이유를 분석해보고 '아하모먼트'를 찾아보자.

광고 말고 광고만큼 효과있는 거 뭐 없을까요?

'대표님, 이번에 광고 집행할 예산은 어느 정도로 잡고 계세요?'

'최근에 경기가 너무 안 좋아서 광고로 잡은 돈도 우선은 묶어놓은 상태네요. 컨설턴트님, 혹시 광고 말고 광고만큼 효과 나는 그런 거 뭐 없을까요?'

앞에서 우리는 광고가 가진 효과인 인지도 향상, 고객 액션 유도에 대해 알아보았다.[34] 인지도와 고객 액션을 확대하기 위해 광고를 대신한 무언가를 찾는다면 우리가 직접 하거나, 아니면 우리의 고객이 진행하는 바이럴 마케팅을 더욱더 신경 쓰는 것이 정답일 것이다.

실제로 우리의 고객은 오프라인에서 온라인으로 넘어가며 점점 정보를 확보하는 것이 쉬워지고 있다. 고객이 제품 구매에 이어지기까지의 콘텐츠 접촉 횟수(구글 멀티터치, Google Multi-touch)가 2017년 기준 10회 미만에서 2021년 최대 80회로 8배나 늘어났다. 그만큼 많은 콘텐

---

34) 성공 알고리즘 41. 매출 올리는 거 말고 광고에 또 필요한 게 있나요? 참조

츠를 통해 고객은 정보를 취득하고 나서야 구매에 이르게 된다는 것이다. 기존의 오프라인 고객은 AIDA(Attention-Interest-Desire-Action, 주의-관심-욕망-구매) 순으로 구매에 이르렀다. 하지만 지금의 디지털 온라인시대에는 AISAS(Attention-Interest-Search-Action-Share, 주의-관심-검색-구매-공유)로 검색과 공유의 과정이 추가되었다.

A_Attention 주의	타겟고객
I_Interest 관심	잠재고객 (필요성을 인지시키면 예상 고객화)
S_Search 검색	예상고객 (제품 구매 가능성이 높은 고객)
A_Action 행동	구매 고객
S_Share 공유	구매 고객 바이럴

그렇다면 우리는 광고를 대신해 온라인을 중심으로 고객의 구매여정에서 검색과 공유 단계에 얼마나 더 많은 매력적인 콘텐츠와 제안을 하는가에 따라 매출과 같은 우리의 목표를 달성할 수 있을 것이다.

고객의 구매여정에 우리의 긍정적 정보를 제공하기 위해서 광고 외에 우리가 할 수 있는 것은 Owned Media와 Earned Media에서 찾아야 한다.[35]

Owned Media는 시스템적인 부분과 콘텐츠 활용방법을 중심으로, Earned Media는 기존 고객 대상, 그리고 고객 외 채널을 통한 방법으로 광고 외에 할 수 있는 솔루션을 정리해 보았다. 이와 같이 우리가

---

35) 성공 알고리즘 27. 광고해서 많이 파는데 왜 돈은 안 되죠? 참조

할 수 있는 홍보를 직접 할 수 있는 것과 고객과 같이 외부와 협업 또는 참여를 통해서 할 수 있는 것으로 나누어 정리해 본다면 우리의 다음 액션플랜이 나올 수 있을 것이다.

구분	대구분	액션
Owned Media	콘텐츠	브랜드 관련 스토리텔링
		제품 직접 관련 콘텐츠
		제품 연관 콘텐츠
		고객 참여 콘텐츠
	시스템	신규고객 대상 이벤트(예약주문 혜택 외)
		타 브랜드와의 콜라보레이션(콜라보 제품 개발 외)
		타 업체와의 협업(팝업부스 운영, 연계 영업 외)
		신규고객 유입 마케팅 자동화
Earned Media	기존 고객	VIP고객 대상 이벤트
		기존 고객 대상 교차/업그레이드 판매 마케팅
		신규고객 소개 마케팅
		만족고객 대상 리뷰 이벤트
	타겟고객	인플루언서 활용 체험단 운영
		타겟 고객 대상 체험단 운영
		타겟 고객 대상 SNS 이벤트
		온라인매체 외 PR 보도자료

이러한 광고 외 활동에 있어서 우리를 도와줄 수 있는 간편한 툴들을 몇 가지 소개한다.

◈ Owned Media 활용 툴

① 홈페이지 제작: 워드프레스(wordpress)
② 홈페이지 챗봇: 채널톡
③ 디자인 제작: 캔바(canva), 미드저니(midjourney), D-ID studio(AI동영상 제작)
④ 툴 연결: 재피어(zapier)

◈ Earned Media 활용 툴

① 이메일 마케팅: 스티비(stibee.com, 국내 이메일 마케팅 대응), 액티브캠페인(activecampaign.com), 샌드폭스(sendfox.com)
② 설문 마케팅: 타입폼(typeform)
유사한 툴들이 많이 있으니 스스로에게 맞고 사용하기 쉬운 것으로 활용한다면 좋겠다.

광고가 아닌 방법으로 우리의 '노골적인 홍보'를 발산할 때 부담감을 느끼는 대표분들을 종종 뵙게 된다. 아무래도 '우리 것을 사주세요'라고 하는 것 같아서 더 그럴 것이다. 만약 기존 고객 또는 우리에게 이메일 정보를 남긴 예비고객들에게 메일링서비스를 한다고 하자. 과연 우리는 일주일에 어느 정도 빈도로 보내야 고객들이 이탈하지 않고 메일을 잘 받아보고 또 우리 제품을 이용하게 될까?

실제 이와 관련한 조사 결과, 주 4회 이상일 때 비로소 고객 이탈이 시작된다고 한다.(일본 WACUL사 자체조사 결과) 주 3회 이하인 경우에는? 그래프에서 보듯이 메일 발송 빈도와 메일 해제율 간의 정의 상관관계를 확인할 수 없었다. 고객은 '필요한 정보'인 경우, 몇 번의 메일이라도 적극적으로 수용할 자세를 갖고 있다는 의미이다. 다만, 고객이 원하는 정보가 아닌 '단순 홍보'인 경우에는 1달에 1번이라도 메일을 해지한다.

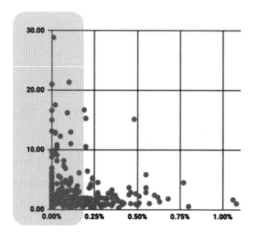

메일빈도
x: 메일해제율
y: 메일빈도

'정보성 콘텐츠'와 관련한 네덜란드 암스테르담 자유대학교 연구진의 《소셜미디어가 소비자의 참여와 브랜드 판매에 미치는 영향 연구》[36] 결과에 따르면

① 브랜드의 소셜미디어는 소비자 참여와 브랜드 판매에 긍정적 효과를 준다.

---

36) DBR, 2024 Issue 1

② 정보전달 등 기능적 콘텐츠가 쾌락적 콘텐츠보다 매출 영향이 상대적으로 크다.

③ 소규모 브랜드의 경우 소셜미디어 활용이 더 효과적이다.

④ 대규모 소셜네트워크 플랫폼(인스타그램, 페이스북 등)이 소규모 플랫폼 보다 참여도 향상에 효과적이라고 한다.

우리가 광고를 집행하기 어려운 상황이라면, 그만큼 우리는 Owned, Earned Media에 집중해야 한다. 그리고 그 기반에는 고객의 '정보' 니즈에 맞는 콘텐츠와 이벤트여야 한다.

이러한 우리의 자세에서 고객이 원하는 정보 중심의 콘텐츠와 이벤트로 정기적으로 업로드하고 소통하며 인게이지먼트 마케팅을 진행하는 것이 중요하다.

이를 통해 고객의 피드백을 축적한다면 향후에 '광고'를 했을 때 더 큰 고객의 반응을 얻을 수 있을 것이다. 지금 우리가 광고를 하지 못한다고 하더라도 할 수 있는 것은 많이 있다.

핵심 치트키 Check!

• 온라인으로 고객이 검색하고 공유하면서 고객의 구매프로세스가 AISAS(주의-관심-검색-구매-공유)로 바뀌었다. 따라서 우리는 고객이 검색할 때 우리의 정보가 노출되도록 콘텐츠를 제공해야 한다.
• 쉽게 온라인 마케팅을 직접할 수 있는 툴들을 활용하여 이벤트와 같은 정보로써의 콘텐츠를 직접 업로드하자.

성공 비즈니스는
혼자 되는 것이 아니다

사업 네트워크 확보 전략

사업은 혼자서도 할 수 있나요?

"친구와 동업하면 망한다."

우리는 예전부터 이러한 이야기를 많이 들어왔다. 그래서일까? 혼자서 사업을 하고자 하는 사람이 많다. 과연 사업은 혼자 할 수 있는 것일까?

스타트업에서는 일반적으로 온라인서비스를 기준으로 팀에 적어도 기획, 디자인, 개발, 마케팅의 역할이 필요하다. 이 모든 역할을 창업가 혼자 하는 경우도 있겠지만 대체적으로는 파트너를 찾아 최소 2명 이상 팀을 이뤄 시작하는 경우가 대부분이다.

왜 혼자서는 어려울까? 컨설팅에서는 1인 중소기업이 성장하는데 매출 20억, 50억 원에서 큰 벽에 부딪힌다고 말한다. 충분한 수의 직원들이 있음에도 넘기 힘든 이 매출의 벽을 어떻게 넘을 수 있을까? 바로 오른팔 같은 파트너가 있을 때 가능하다고 얘기한다. 창업가와 같이 회사를 챙길 수 있는 또 다른 사람, 그러한 나의 오른팔, 왼팔 같은 사람을 만나면 100억 원 매출까지 가능하다는 것이다. 간단히 말하자면 스타트업에 역량있는 팀멤버를 구할 수 있다면 100억 원 매출까지 도전해 볼 수 있다는 것이다.

다만, 여기에서 중요한 점이 있다. 위에서 언급한 기획, 디자인, 개발, 마케팅의 역량이 서로 겹쳐서는 안 된다.

대학생 창업을 예로 들어보자. 내가 경영학과(기획, 마케팅)라고 같은 과멤버인 A, B군과 같이 팀이 된다면 기획, 마케팅의 역량이 중복된다. 이는 마치 사공이 많으면 배가 산으로 가는 것과 같이 기획, 마케팅 영역에 인력이 중복되어 의사결정이 힘들어지고 디자인, 개발 역량이 매우 부족한 상황이 된다. 하지만 경영학과인 내가 예술대학의 C군(디자인), 공과대학의 D군(개발)과 함께 팀을 구성한다면 서로의 영역을 존중하면서 사업을 추진할 수 있는 역량을 확보하게 된다.

영국의 토종 조류로 박새와 울새가 있다고 한다. 20세기 초 영국 가정에 배달된 우유병에서 우유를 먹곤 하던 새들이었다. 이로 인해 고객들의 불만이 생기자 회사에선 우유병에 알루미늄 덮개를 씌웠는데 박새만이 부리로 쪼아 우유를 먹을 수 있었다. 왜 박새만이 우유를 먹을 수 있었을까?

그건 박새가 울새보다 더 많은 사회적 관계를 갖고 있었기 때문에 집단 내 네트워크와 활동반경을 넓혀 '알루미늄 덮개를 찢으면 우유를 먹을 수 있다'는 새로운 사실을 더 빨리 배운 것이었다.

즉, 사업을 성공시키기 위해서는 팀 내에 다양한 역량을 조합해 네트워크의 힘을 키우는 동시에, 대외적인 네트워크를 통해 유용한 정보 흡수와 협업이 필요하다. 실제 성공의 길로 열심히 달려가고 있는 스타트업, 중소기업을 컨설팅하면서 확인할 수 있는 공통점은 각 대표들이 다양한 대외 활동과 네트워크를 통해 사업을 성장시키고 있는 것이었다. 자영업도 마찬가지이다. 음식점에서 제대로 된 신선한 재료들을 저렴한 가격에 공급해 줄 수 있는 업체를 갖고 있는 것은 큰 힘이 되고 차별화 요소가 된다. 성장하는 다른 업체들과의 모임에 참가해서 새로운 사업의 성장 방법을 같이 스터디하는 업체 대표들도 많이 보았다. 그러한 네트워크를 가진 대표와 그렇지 않은 대표. 역량이 수십 배 차이가 나는 이유가 바로 여기에서 발생되는 것이다.

그럼, 어떤 네트워크를 우리는 앞으로 만들어 나가야 하는 것일까?

허미니아 아이바라 프랑스 INSEAD 교수에 의하면 비즈니스에 성공하려면 3가지 네트워크를 관리하고 성장시켜야 한다고 한다.

사내 네트워크: 사업장내 일을 효율적으로 추진하고 목표를 달성하기 위해 필요한 사내 지원세력 구축.

전문가 네트워크: 타 업종 경영자, 교수, 전문가로 사업 발전을 위한 조언, 사업 아이디어 확보에 필요.

개인 네트워크: 사업가로서의 개인적 긴장, 스트레스를 나눌 대상.

직원은 우리가 돈을 주고 고용한 사람들이지만 그들이 100% 이상 역량을 발휘할 수 있도록 하기 위해서는 우리 편으로 만들고 함께 성장하고 협업하는 네트워크로 인식하고 지원해야 한다. 외부적으로는 사업에 직간접적 영향을 줄 수 있는 네트워킹 그룹이 필요하다. 외주가 가능한 개발과 같은 영역, 재료 공급을 위한 선방업체, 고객 중에서도 열성고객을 중심으로 한 고객 네트워킹 그룹이 대표적인 사업에 직접적인 연관성이 있는 네트워크라고 할 수 있다. 사업에 간접적인 영향을 주는 네트워킹 그룹으로는 다른 업체 대표와의 모임, 경영컨설턴트, 변호사, 세무사를 포함한 사업 관련 전문가그룹, 동일 사업군 업체 회의 등을 들 수 있다. 마지막으로 대표가 지속적으로 높은 열정으로 사업에 임할 수 있도록 스트레스 관리를 할 수 있는 사람들과의 네트워크가 필요하다.

실제 컨설팅을 진행하면서 많은 대표분들이 사업과 관련한 문제에 대해 솔직하게 얘기할 수 있는 상대가 거의 없음을 확인할 수 있었다. 스스로 껴안고 있는 문제를 다른 사람에게 얘기하는 것만으로도 스트레스 해소와 새로운 방법을 찾는 데 도움이 된다는 것을 우리는 삶의 경험을 통해 알고 있다.

사업도 마찬가지이다.

혼자서 하는 것이 아니고 직원, 거래처, 고객, 가족, 친구, 이런 사람들과의 네트워크가 사업을 성장시키는 것임을, 그리고 이 네트워크가 무엇보다 소중한 가치를 갖고 있음을 이해하고 실천하자.

핵심 치트키 Check!

- 사업을 하기 위해서는 최소 기획, 디자인, 개발, 마케팅의 역할이 필요하다. 이를 위해서는 나 혼자가 아닌, 나와 같은 목표를 갖고 함께 일할 멤버가 필요하다.
- 나 혼자 사업을 한다면, 적어도 사내 네트워크, 전문가 네트워크, 개인 네트워크를 챙겨서 사업을 성장시키는데 도움이 되는 네트워크를 구축하고 활용하자.

직원이 아닌 대표의 역할 수행

혼자 해서 인건비라도 아껴야죠

'대표님, 직접 이렇게 카운터에 계시면 다른 일은 거의 못 하시겠어요.' '그러게요, 최저임금이 워낙 올라서요. 이렇게라도 해야 운영이 되니 제가 더 고생해야죠.'

많은 편의점이 실제로 대표와 가족분이 같이 일을 나눠 운영하시는 경우를 보게 된다. 이렇게 운영하는 편의점 중에 정상적으로 안정적인 매출과 수익으로 즐겁게 운영하는 케이스는 거의 찾아보기 어렵다. 아르바이트생 인건비라도 줄이기 위해서 열심히 일하는데 왜 사업은 나아지지 않는 것일까?

우리나라에서 가장 잘나가는 편의점 브랜드 중 하나인 'CU'의 예를 보자.

·가맹점사업자의 평균 매출액 및 면적(3.3㎡)당 매출액

단위 (개,천원)

지역	2022년		
	가맹점수	평균매출액	면적(3.3㎡)당 평균매출액
전체	16,615	621,795	31,047
서울	2,720	713,682	36,949

공정거래위원회 가맹사업거래 홈페이지에서 확인할 수 있는 CU의 정보공개서에 따르면 전국 평균 매장 연매출은 연매출 6억2천2백만 원이다.

부가세 제외 월매출로 환산하면 4천7백만 원(일매출 1.6백만 원)이다. 이때 평균 수익은 25%로 수익 배분을 3:7(본사:점주)로 계산한다면 점주에게 주어지는 수익은 월 8.2백만 원[37]이다.

여기서 다시 월 30일, 24시간으로 계산을 하게 되면 시간당 수익은 11,450원이다.

이 계산이면 2024년도 최저임금 시간급 9,860원보다 2,000원이 안되게 더 버는 게 된다. 사람이 24시간 다 일할 수 없으니 일부는 아르바이트가 하게 된다. 우리가 만약 편의점 카운터에서 캐쉬를 담당하게 된다면 우리의 역할은 아르바이트생의 그것과 동일하게 된다.

그렇다면 편의점을 하면서도 돈을 버는 구조가 되려면 어떻게 해야 할까?

대표분이 편의점 캐쉬를 하면 안 된다.

대표분은 매장이 어떻게 하면 더 효과적으로 운영될지, 그리고 더 많은 매출과 수익을 올리기 위해서는 어떻게 해야 할지 고심해야 한다. 그리고 아르바이트생들을 어떻게 관리해야 대표가 캐쉬를 보는 것만큼 고객에게 친절하고 상품 관리할 수 있게 될지 연구해야 한다. 그리고 이 편의점 운영 노하우를 단 하나의 매장에만 적용하는 것이 아니라, 2개 이상의 매장에 활용해서 수익을 확대시켜야 한다.

---

37) 평균마진율과 점주 수익배분 기준을 높이거나 낮추면 점주의 수익도 올라가거나 내려갈 수는 있다.

예를 들어 편의점 도시락을 재고 폐기 문제로 다양하게 들여놓지 못하는 편의점들이 많다고 한다. 하지만 50%가 넘는 매출을 일으키는 것이 간편식이라면, 그리고 우리 매장의 상권이 경쟁 매장과 환경을 분석했을 때 간편식 시장이 충분히 있다면, 우리는 재고문제를 안고서라도 이 시장에 진입해서 선두에 나서야 할 것이다.

이러한 결정과 추진은 단시간에 이뤄지는 것이 아니다.

충분한 시장환경과 경쟁 매장에 대한 이해, 우리가 취급하고 있는 브랜드의 역량 등을 감안해서 축적된 운영 노하우에 의해 가능해진다. 이렇게 쌓여진 노하우가 1개 매장, 2개 매장으로 확산되어 편의점 운영이라는 대표의 본업이 사업으로써 그 결실을 맺게 된다.

아르바이트생에게 우리도 갖기 힘든 '열정'을 요구하며 잘하기를 기대하는 것은 어렵다. 먼저 우리가 대표로, 사업 전문가로서 사업을 운영한다면, 그리고 그 모습에서 '열정'이 느껴진다면, 아마 지금보다 좀 더 아르바이트생은 열심히 일하게 될 것이다.

지금도 많은 편의점 대표분들이 카운터에서 열심히 일하고 계신다. 컨설팅을 하면서 만난 분 중에는 몇 개의 편의점을 운영하셨다가 나중에 사업을 축소해서 1개만 운영하시는 분도 계셨다. 하지만 그분은 지금도 이 일에 너무나도 만족해하면서 즐겁게 일하고 계신다. 만약 여러분이 지금의 일을 이렇게 만족해하며 일하고 있다면 그것으로 충분히 멋지고 훌륭한 일이다.

하지만, 지금의 일에 불만족하며 카운터에 서 있다면, 그 모습은 아마도 고객에게, 그리고 아르바이트생에게 전달될 것이다. 지금의 우리를 바꿀 수 있는 것은 그 누구도 아닌 바로 우리 자신이다.

만약 내가 하는 일이 불만족스럽다면 지금 바로 내 일을 다른 이에게 맡기자.

그리고 나 스스로의 가치를 높일 수 있는 일을 찾아보자.

이 길은 이미 많은 이들이 먼저 경험한 성공의 길이다. 편의점에서도 이러한 성공 사례는 수없이 많다.

핵심 치트키 Check!

- 지금 내가 편의점 카운터에서 캐쉬 일을 하고 있다면 나의 부가가치는 '아르바이트' 시급 수준이 된다.
- 대표자로서 해야 할 더 큰 부가가치가 생기는 일, 즉, 매출과 수익을 더 올리기 위한 일, 고객 서비스를 개선하고, 직원과 상품을 관리하는 일에 집중해야 성장의 선순환 구조가 만들어진다.

해달라는 거 다 해줬는데 직원이 그만뒀어요

'대표님, 저번에 일 잘하던 직원 어디 갔나요?'

'아, 그 직원요? 정말 일 잘했었는데, 해달라는 거 다 해줬는데 그만 두더라고요. 정말 직원 관리 너무 힘들어요. 이럴 때는 어떻게 해야 하나요?'

정말 해달라는 것 다 해줬는데도 나간다면 방법이 없다고 생각할지도 모르겠다. 잘 운영하는 다른 업체 대표분께 이런 사례가 있었다고 소개하니 그분의 말씀은 또 다르셨다. '아마 그 대표님이 생각한 거와 직원이 원했던 게 달랐던 것이 아닐까 싶네요.'

직원은 많은 돈과 환경적인 요건만으로 만족할 수 있을까? 기업 대표는 우리 회사의 이익에 집중하게 된다. 고정비가 얼마고 변동비가 얼마고, 그래서 이번에 얼마나 팔았고 얼마나 남았는지. 그래서 매출액 대비 마진율이 10%를 넘어서 목표한 수치까지 도달했는지가 가장 궁금해진다. 실제 전산업 평균 매출액영업이익률은 2022년 기준 5.89% 이다.

그럼 우리의 고객은 무엇이 가장 중요할까?

내가 구매를 위해 지불한 비용보다 더 큰 이익을 의미하는 가격 대비 성능의 비율을 줄인 '가성비'이다. 가성비가 좋다는 것은 지불한 가격보다 내 이익(성능, 품질 등)이 크다는 의미이다. 고객이 만약 1만 원을 지불하고 1만 원어치의 가치가 느껴지는 제품을 얻게 되었다면 가성비를 느낄 수 있을까?

아니다. 10,000원을 내고 다시 10,000원을 받고서 가성비를 느낄 고객은 아마 없을 것이다.

10,000원을 내고 11,000원의 가치를 얻었을 때 비로소 1,000원의 추가 가성비를 느낄 수 있게 된다. 이는 9,000원의 비용을 내서 제품이나 서비스를 제공하면서 1,000원 이상의 마진을 원하는 사장의 그것과 동일하다. 아래 그래프의 짙은 붉은색 부분이 바로 '고객 가성비'이다.

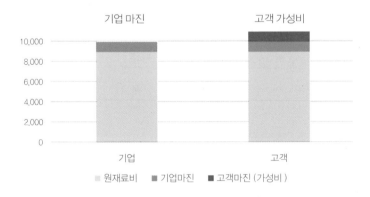

'사장님, 이렇게 팔아서 남아요?' 이런 염려를 고객들이 한다면 그 매장은 분명 대박 나는 매장일 것이다.

이는 고스란히 직원에게도 동일하게 적용된다.

직원 역시도 자신이 제공하는 근무 노력과 시간 대비 급여를 포함해 얻는 것으로 가성비를 따지게 된다. 이번엔 사장이 고객 입장으로 변한다. 지불하는 금액보다 더 많은 효과를 기대하게 된다.

과한 예이긴 하지만 애플은 2022년 기준 직원 1인당 약 240만 달러(약 31억 원)의 매출을 올렸다고 한다.[38] 애플 직원 평균 연봉을 50만 달러 이상(약 6억 원)으로 생각하더라도 연봉의 5배 수준의 매출을 기업(애플)은 기대하고 달성하는 것이다.

성공 알고리즘 45. 사업은 혼자서도 할 수 있나요? 에서 오른팔 같은 직원이 있을 때 기업은 다음 단계로 성장할 수 있다는 점을 강조하였다. 우리는 지금 솟아오르는 인건비 부담에 키오스크가 주문을 받고, 로봇이 서빙을 하고 요리도 만드는 기술의 도움을 받고 있다. 하지만, 사업을 유지가 아닌 성장하기 위해서 우리는 '나 같은 직원'이 적재적소에 필요하다.

'나 같은 직원'은 돈을 주고 데려올 수는 없다. 우리에게 있어 그 정도 인재를 데려올 비용 부담이면 가성비가 안 나오게 되니 말이다. 그래서 우리는 '나 같은 직원'을 키워야 한다.

'나 같은 직원'을 키우는 것에 있어 중요한 요소로 허츠버그의 〈동기-위생이론(2요인 이론)〉을 생각할 수 있다.

직원의 만족과 업무에 대한 의욕에 영향을 주는 요인에 관한 연구로,

---

38) 한국경제신문, 2023.03.15.

첫 번째, 위생요인은 고용 안정, 급여 조건, 사업장 환경과 같은 부족할 경우 불만족으로 이어지는 요소들을 의미한다. 이에 비해

두 번째, 동기요인은 더 높은 수준의 직무만족과 함께 업무에 대한 동기로 이어질 수 있는 요소로 일에 대한 성취, 인정, 승진 등을 들 수 있다.

이 동기-위생이론을 기준으로 생각해보면 우리는 일반적으로 직원을 대할 때 위생요인 위주로 처우개선에 집중하는 경향을 보이게 된다. 하지만 급여와 같은 위생요인은 '필요조건'이기는 하지만 역량 있는 직원이 계속 일하고 또 '나 같은 직원'으로 성장하기 위한 '충분조건'은 아니다.

직원의 동기요인을 충족시키기 위해서는 직원이 이 일을 하면서 스스로 성장한다고 느끼고 또 성장할 수 있어야 한다.

컨설팅을 하면서 만난 대표분 중 한 분은 직원 중에 역량 있는 사람을 선별해 지점장으로 보내거나 아니면 독립해서 창업한다고 할 때 일부 투자와 지원을 하며 독립을 응원한다고 한다. 그래서 직원들의 부침은 있지만 계속 능력 있는 직원들이 들어오고, 또 성장한 직원들이 대리점을 차려 나가거나 아니면 지점장으로 계속 이 업체의 중추적인 역할을 해 나간다고 한다.

직원이 그만두는 것을 막을 수는 없다. 하지만 능력 있고 노력하는 직원이 그만두면서 아는 지인에게 우리 업체를 추천해 줄 수 있다면 그걸로 충분히 우리는 계속 가능성 있는 직원들과 사업을 진행해 나갈 수 있을 것이다. 좋은 직원도 결국 끼리끼리라 역량 있는 지인이 많다.

사업은 혼자 하는 것이 아닌, 사람과의 일이 거의 전부이다.

내가 가성비를 필요로 하듯, 내 고객도, 내 직원도 역시 '가성비'가 중요하다. 그 '가성비'는 단지 돈만이 아니다.

스스로 성장하는 것을 느낄 수 있다면, 그리고 이 일에 자신의 미래가 있다면 우리의 직원들은 기꺼이 우리의 '오른팔'이 되어 줄 것이다.

자, 우리는 국가대표 축구 감독이다. 우리에게는 11명의 멋진 선수들이 있다. 이들을 어떻게 동기부여하고 멋진 팀으로 도전할지는 여러분에게 달려있다.

핵심 치트키 Check!

- 우리가 마진을 생각하듯, 고객은 고객의 가성비를 생각하고, 직원은 직원의 가성비를 생각한다.
- 직원들이 느끼는 가성비에 가장 중요한 것은 물론 '노력 대비 임금'이지만, '돈'만큼이나 직원들이 중요하게 생각하는 것이 바로 '직원 스스로의 성장'이다.
- 직원이 성장할 수 있도록 하는 것들이 무엇이 있는지 연구하고 실행하자.

핵심인력 확보 전략

48

직원이 고객보다 먼저인가요?

'컨설턴트님, 저희 회사에는 믿을 만한 사람이 없어요. 소위 인재라고 할 만한 그런 사람 어디 없나요?' '대표님, 제가 다닌 대기업에서도 저희 회장님이 늘 하시던 말씀이 있으세요.

우리 회사에 인재가 없다고요…'

그렇다. 정부 각료를 임명하려해도 마땅한 인재가 없거나 찾지 못해 회전문 인사를 한다는 뉴스를 접해보았을 것이다. 이처럼 대기업이건 중소기업이건 인재난이다. 더군다나 코로나19를 거치면서 인재뿐만 아니라 인력 구하기도 어려워진 게 사실이다. 좋은 직원이 있어야 좋은 품질의 제품과 서비스가 나올 텐데 그렇지 못한 것이 현실이다. 과연 이 상황을 어떻게 타개해야 할까?

잘나가는 기업들은 어떻게 이 직원 문제를 해결하고 있을까?

삼성에서는 핵심 인재를 S급(Super), A급(Ace), H급(High potential)으로 분류한다고 한다.

그중 S급 인재란, 높은 잠재력과 업무 능력을 가진 핵심 인재를 의미한다. 대학이나 다른 기업 등에서 최고 수준의 프로젝트를 수행하며 실력을 쌓아 온 역량 있는 사람으로 삼성 내에서는 주력사업의 핵심 개발 부문을 진두지휘하는 사람이다.

"S급 직원 1명이 10만 명을 먹여 살린다"는 삼성그룹 이건희 회장의 말을 떠올리지 않아도 충분히 인재는 중요하고 이들을 잡기 위해 온갖 방법을 다 동원한다고들 한다.

그렇다면 우리에게 있어서 중요한 것은 S급 인재일까?

시작하고 성장을 준비하는 기업이라면 직원 몇 명이 전부인 상황이니 여기에서 S급 인재를 찾기란 어려운 일이다. 그보다는 먼저 이들이 맡은 일을 즐겁게 할 수 있게 만드는 것이 중요하다. 내부 직원들이 만족했을 때 그들이 고객을 만족시키기 위해 더욱더 노력한다는 것은 서비스 기업에서는 잘 알려진 이론이다.

여기에서의 중요한 포인트는 직원이 자주 바뀌는 것이 아니라는 것이다. 가장 중요한 포인트는 고객에게 서비스 퀄리티가 유지, 발전되는 것이다. 이를 위해서는 지속적으로 역량 있는 직원이 들어올 수 있는 환경을 구축하는 것이 필요하다.

두 번째로 핵심 인재들이 떠날 때, 그들과 지속적인 네트워크를 구축할 필요가 있다. 역량 있는 직원들이 언젠가 떠날 가능성이 있지만 그들의 역량 개발을 관리자의 주 활동으로 삼아야 한다. 떠나는 직원들이 향후 얼마나 도움이 될지는 결코 알 수 없다.

기업이 나(직원)를 소중하게 여기고, 이곳에서 성장하고 있다는 것을 실감할 수 있는 환경이 필요하다. 도구로써의 직원이 아닌, 같은 팀으로써 서로를 이끌어 주고 도와주는 환경을 만듦으로써 돈 이외의 안정

감과 만족감을 느낄 수 있게 된다.

그리고 떠나는 역량 있는 직원과 지금 있는 직원을 포함한 커뮤니티를 구성하고 협업하는 것은 이 일이 그저 돈을 위한 것이 아닌, 나의 미래와 밀접한 연관성을 가진 일임을 직원 각자가 느낄 수 있게 되고 이러한 자각은 맡은 일에 대한 열정으로 나타날 것이다.

일에 대한 열정을 가진 직원을 키우는 방법으로 사업을 운영하는 대표분들은 '피드포워드(Feedforward)'를 활용할 수 있다.

피드백(Feedback)은 과거의 일을 기반으로 하는 반면, 피드포워드는 미래에 일어날 일을 기반으로 한다. 그리고 피드백은 주는 사람이 주체가 되지만, 피드포워드는 피드백을 받는 사람이 주체가 되는 차이가 있다.

피드백(Feedback)

① 어떠한 일이 일어났나?

② 기대했던 결과와 어떤 차이가 있었나?

③ 개선해야 할 점은 무엇인가?

④ 이 일을 통해 어떤 점을 배웠나? 등의 질문이 나올 수 있지만

◆ 피드포워드(Feedforward)

① 이 일을 개선하기 위해 어떤 일을 해보겠나?

② 이 일을 통해 발견한 당신의 강점과 약점을 어떻게 활용해 보겠나?

③ 그 일을 하는 데 있어 지원해야 하는 게 있다면 무엇인가?

이와 같이 듣는 사람의 장점과 미래의 가능성에 집중하고, 기회를 극대화하므로 피드포워드는 듣는 사람으로 하여금 위기를 기회로 바꿀 수 있는 좋은 계기를 만들어 줄 수 있다.

즉 피드백이 결과에 대한 평가를 포함한 네가티브적 요소를 포함하고 있다면, 피드포워드는 앞으로의 계획을 직원이 주도적으로 설계하고 운영하는 데 도움을 주는 포지티브적 요소가 깔려 있다고 할 수 있다. 이를 통해 직원은 앞으로의 활동에 대해 그저 주어진 일을 하는 것이 아니라, 주도적으로 일을 만들어 나갈 수 있게 된다.

"멍석 깔아주면 못 한다"라는 말이 있다.

멍석을 깔아주는 것이 아니라 멍석을 직원 스스로 깔 수 있도록 도와주는 것, 이것이 바로 '피드포워드'이다.

◈ 피드포워드를 더욱더 잘 활용하기 위해서는

① 성장 가능성과 함께 발전 방향에 대해 사례를 포함해서 가이드하고, ② 개방적이고 긍정적인 언어 중심으로 질문 형태로 대화 진행하며, ③ 직원 스스로 받아들이고 개선할 수 있는 만큼의 조언에 집중하고, ④ 단계적인 목표설정을 통해 실질적 성장을 함으로써 성취감을 느낄 수 있도록 지원해야 한다.

즉, 피드포워드를 하는 대표는 일을 지시하는 입장이 아닌, 직원이 일하는 것을 도와주고 가이드하는 역할에 집중하는 것이다.

이러한 작업에 있어 가장 큰 어려움은 '처음'이다. 직원도 서툴고 대표도 서툴게 된다. 처음부터 좋은 결과가 나오긴 어렵다. 하지만 이러한 과정이 그리 오래 걸리진 않는다. 길어야 6개월이다. 그 안에 직원들은 우리가 생각한 것보다 더 많은 일을 해내는 역량을 가지게 될 것이고 이 직장을 좋아하게 될 것이다.

직장인 대상으로 블라인드 설문조사를 했는데 일 잘하는 꼰대 상사 vs 일 못하는 좋은 상사 중 어느 상사를 더 선호하는가에 대해 69%가 일 잘하는 꼰대 상사를 택했다고 한다.[39]

우리가 생각하는 것보다 직원들은 더 열정적이고 성장을 목말라 한다는 것을 잊지 말자.

스스로 일을 찾아가는 직원들, 그리고 그런 직원들이 회사의 변화에 주도적으로 동참해서 바꿔나가는 것, 그 시작은 우리가 먼저 '피드포워드'로 직원들이 먼저 일을 찾게 하는 것에서 시작한다.

핵심 치트키 Check!

- 직원이 자주 나가는 것이 중요한 게 아니다. 나가더라도 새로운 역량 있는 직원이 들어오는 구조를 만드는 게 중요하다.
- 이를 위해서는 직원들이 나가서도 우리와 함께 할 수 있도록 네트워크를 만들고 소통하자.
- '피드포워드' 방식으로 직원 스스로 일을 결정하고 도전할 수 있도록 응원하는 환경을 만들자.

---

39) 포춘코리아 2024 vol. 178

더 큰 성장을 위한
성공기업 프로세스 알고리즘

49

괜찮은 사업 아이디어면 70%는 된 거 아닌가요?

'대표님, 지금 하시고자 하는 사업 아이디어가 어느 정도 가치가 있다고 생각하세요?' '음…. 저는 수십억의 가치가 있다고 생각해요.'

'그럼, 성공이 100이라면 최고의 사업 아이디어는 몇 정도라고 보세요?' '거의 70%는 되지 않을까요? 차별성 있는 아이디어만큼 중요한 게 있나요?'

멋진 사업 아이디어에 가치를 정하는 것은 스타트업 멘토링을 하면서 무척이나 어려운 일이다. 하지만 스타트업 대표분들은 본인이 추진하고 있는 사업 아이디어에 대해 가치를 상대적으로 높게 평가하는 경향이 있다. 그만큼 아이디어에 대해 가능성을 느끼고 있어서라고도 할 수 있겠다. 그렇다면 과연 사업 아이디어의 가치는 얼마 정도로 계산될 수 있을까?

엔젤투자를 하게 되면 일반적으로 5천만 원 내외의 투자를 진행하게 된다. 5천만 원이라는 자금을 투자하고 투자조합이 받는 것은 스타트업의 지분이다. 이 지분율을 계산하기 위해서는 기업가치가 먼저 나와야 한다.

예를 들어 스타트업 대표가 '우리 스타트업은 20억 원의 가치가 있어요'라고 한다고 생각해 보자. 과연 그 대표분은 20억 원의 가치를 구체적인 수치로 설명할 수 있을까? 이제 아이디어가 고도화되어서 초기 MVP라고 할 수 있는 시제품이 나온 정도의 상태에서 매출이나 수익 수치가 있는 것도 아니다.

결국 일반적으로 엔젤투자 시 타 스타트업 기업가치 수준인 10억 원 내외로 평가받는 경우가 많다. 물론 테크스타트업의 경우, 기술과 관련한 유사 스타트업의 사례를 감안해서 더 높은 기업가치를 평가받는 경우도 있지만 한정적이다.

그렇다면 기본적으로 엔젤투자 라운드를 기준으로
① 가능성 있는 비즈니스모델, ② 초기 고객 테스트가 가능한 MVP 개발, ③ 초기 고객 테스트 지표 확보, 수준의 스타트업 단계를 기준으로 엔젤투자를 유치하게 된다면 10억 원 내외의 기업가치를 평가받게 된다고 할 수 있다.

스타트업을 운영하고 있는 대표님들 생각에는 위의 기업가치에 대해 어떠신지 궁금하다.

가능성 있는 사업 아이디어가 성공에 있어서 어느 정도 비중을 차지하는지에 대해 이야기해 보자.

서울타워에 올라가 보면 옆에 있는 연세 있으신 분이 같이 오신 지인

분들과 함께 강남 쪽을 바라보며 이런 말씀을 하시는 경우가 종종 있다.

'야~, 내가 1970년쯤에 저기 강남땅을 사려고 했었던 적이 있어. 그때 갑자기 집에 아픈 사람이 생겨서 거기에 돈이 다 들어가긴 했는데… 그때 저 땅만 샀더라도 지금 완전히 달라졌을 텐데 말이야….'

우리에겐 정말 많은 생각과 삶의 갈림길이 있다. 중요한 것은 아이디어나 생각이 아니다. 끊임없는 '실행'이 무엇보다 중요하다.

사업 아이디어는 실행되지 않은 '생각'이다.

물론 MVP를 만들고 고객 테스트도 진행했다면 이야기는 달라진다. 그래서 엔젤투자는 최소한 이 정도 단계에서 진행된다. 하지만 MVP와 고객 테스트로 사업 성공을 기대할 수 있을까? 아니다. 앞으로도 넘어야 할 산은 무수히도 많을 것이다.

그렇다면 사업의 성공을 100이라고 봤을 때 엔젤투자를 받은 단계는 어느 정도 온 것일까?

아마도 1 정도 왔다고 할 수 있을까?

기업가치 1조 원을 유니콘이라고 하니 그 10%인 1,000억 원을 최소한의 성공이라고 가정하면 엔젤투자 시의 기업가치 10억 원은 1,000억의 1%에 해당된다. 자! 여기까지 계산했다면 여러분의 멋진 '사업 아이디어'는 얼마의 가치가 있다고 할 수 있을까?

적어도 확실한 것은 1% 미만의 가치라는 것이다.

참고로 『Anything you want』의 저자 데릭 시버는 다음과 같은 이야기를 하였다.

"아이디어는 매우 강력하지만 실현되지 않으면 아무런 가치가 없다"

사업 아이디어는 우리에게 도전하고자 하는 무한의 동기를 제공해주는 중요한 요소이다. 하지만 이 사업 아이디어의 가치는 우리가 실행할 때 인정받을 수 있다.

엔젤투자를 받았다면 성공의 첫 단추를 끼웠다고 할 수 있다.

앞으로 넘어야 할 산은 많지만, 그 시작을 민간투자를 통해 이룬 것은 큰 의미가 있다. 지금 시작하는 스타트업이라면 먼저 엔젤투자 유치를 1차 목표로 달려보자.

그때까지 우리가 챙겨야 할 MVP와 고객 테스트에 집중하자.

지금 우리가 해야 할 일들에 집중한다면 우리의 기업가치는 우리가 생각하는 것보다 훨씬 빠르게 성장할 것이다.

핵심 치트키 Check!

• 실행되지 않은 아이디어는 가치가 없다.
• 사업으로 아이디어를 실행하면서 비로소 가치가 생긴다.
• 우선 민간투자를 받는 것을 목표로 하고 고객 검증에 집중하자.

성공 비즈니스 프로세스

50 잘나가는 기업들은 어떻게 성공하는 건가요?

'컨설턴트님, 실제로 컨설팅하면서 보시면 성공하고 실패하는 업체들은 어떤 게 차이가 나서 그렇게 되는 것 같으세요?' '성공과 실패 프로세스 말씀이신가요? 비슷한 유형으로 나눠볼 수 있어요. 인생의 '정답'과 마찬가지로 사업도 '바른 프로세스'와 '나쁜 프로세스'가 역시 있죠.'

과연 어떻게 하면 성공하고, 또 실패하는 사업이 되는 걸까?
『창업의 과학』이란 책으로 유명한 미국 실리콘밸리 투자자 겸 창업가 다도코로 마사유키는 '성공 또는 실패하는 스타트업 프로세스'를 아래와 같이 제시하고 있다.

◈ 실패하는 스타트업 프로세스

① 단순한 아이디어로 시작하는 사업
② 단순한 아이디어에 가치가 있다고 생각하는 것(확증편향)
③ 고객 조사 없이 제품(서비스) 개발
④ 개선 없이 제품의 시장진입을 추진

⑤ 한정된(보고 싶은) 지표만으로 사업 측정

⑥ 고객이 원하지 않는 제품

⑦ 잘못된 피봇팅(기능추가 등에 한정된 피봇팅)

정리한다면 사업 아이디어에 대해 '가정'이라는 전제로 확증편향의 문제를 인식하며 고객과의 커뮤니케이션을 통해 사업 아이디어를 구체화하고 시장 검증하면서 추진하는 것의 중요성을 제시하고 있다고 할 수 있다.

◈ 성공하는 스타트업 프로세스

① 고객 문제 과제의 가설 구축(초기 유저 대상 가설 검증 추진)

② 시장과 고객에 대한 정보를 지속적으로 획득

③ 프로토타입으로 가설 검증, 아이템 고도화(만들기 전에 팔아보기)

④ 성과지표를 측정하고 분석(고객인게이지먼트, 습관 변형이 가능한가?)

⑤ 고객 기반 인사이트 발견(초기 사용자 기반 제품 인사이트 확보)

⑥ 고객 성공(customer success)의 길을 정량화(재현성 확보)

⑦ PMF(Product-Market Fit) 확대 재생산

고객 기반으로 사업 아이디어를 검증하고 시장진입 가능성을 확인하는 것, 그리고 확인한 솔루션을 다양한 고객에게 재현할 수 있는 정량화를 통해 시장진입 및 확대 재생산하는 것이 성공하는 스타트업의 프로세스로 중요하다는 것을 알 수 있다.

또 다른 전문가의 의견은 어떠한가?

Formaloo CEO인 Farokh Shahabi가 스타트업 100개 업체를 멘토링

하며 정리한 '실패하는 스타트업 유형'을 보게 되면 이와 유사한 내용을 확인할 수 있다.

첫째, 가장 중요한 것은 팀이다. 기술과 기획 마케팅 중 일부분에 역량 집중된 불균형한 팀은 성장하기 어렵다.

둘째, 올바른 아이디어 검증이 필요하다. 경쟁업체를 파악하지 못한 경우, 고객 문제에 대한 제대로 된 해결책을 제시하기 어렵다. 고객이 모르는 시장의 정보를 파악하고 있어야 한다. 그리고 기능이 아닌 사용자를 위한 가치에 집중해야 한다.

셋째, 민첩성을 키워라. 스타트업에게 있어 가장 소중한 자원은 '시간'. 주어진 시간 안에 다음 단계로 갈 수 있는 가능성을 확인하는 것이 중요하다. 작은 스타트업이 대기업을 이길 수 있는 것은 민첩함과 고객과 가까운 거리에 있는 장점이 있기 때문이다.

넷째, 처음부터 투자에 집착하지 말 것. MVP 및 초기 고객을 확보하지 않은 상태에서 투자를 유치하는 것은 시간 낭비이다.

다섯째, 주저 없이 돌아갈 것. 성공한 스타트업은 그들의 초창기 아이디어와 현재의 사업 아이템은 완전히 다른 경우가 대부분이다. 중요한 것은 PMF에 도달하기 위해 빠르게 피봇팅하는 것이다.

사업 아이디어 검증과 고객 니즈에 맞는 피봇팅의 필요성은 여기에서도 가장 중요한 성공 요소로 제시되고 있다. 이와 더불어 솔루션을 성공시킬 수 있는 팀 구성과 빠른 사업 추진도 성공의 요소라고 할 수 있을 것이다.

이와 같은 내용을 하버드비즈니스리뷰에 실린 '스타트업, 왜 실패하는가?'(톰 아이젠만) 역시 유사하게 6가지 실패요인으로 제시하고 있다.

◈ 실패요인

① 좋은 아이디어, 나쁜 팀: 가능성 있는 아이디어도 팀 역량이 부족하면 실행 어려움.
② 잘못된 시작: 고객 니즈에 대한 조사 부족.
③ 긍정 오류: 얼리어답터에서 초기 주류시장으로의 진입 실패.
④ 속도의 덫: 사업 정상궤도 진입 전 자금 소진.
⑤ 인력 부족: 사업 추진을 위한 인재 영업 실패.
⑥ 수많은 문제: 고객 문제 해결에 너무나도 많은 장애물로 극복 실패.

여기에서도 실행 가능한 팀, 고객에 집중해야 하는 것의 중요성을 언급하고 있다. 이와 함께 한정된 시간 안에 다음 프로세스로 갈 수 있는 '검증'과 '지표' 제시의 필요성을 이야기하고 있다.

Startup Genome이 3,200여 개 스타트업을 대상으로 조사한 결과, 스타트업 실패 원인의 70%가 '조기 확장(Pre-mature Scaling)' 때문이라고 한다. 즉, 고객의 반응에 기반한 제품(서비스)의 고도화가 이뤄지지 않은 상태에서 필요 이상의 자금을 투입하여 시장진출 및 마케팅에 집중하며 성장에만 몰두한 결과, 고객의 선택을 받는 데 실패하고 폐업했다는 것이다. 스타트업이 조기 확장에 쉽게 빠지는 이유는 스스로의 아이디어를 과신하고 시장 반응을 객관적으로 수용하지 못할 가능성이 높기 때문이다.

세탁한 옷을 접는 기계가 있다고 생각해 보자. 옷을 접는데 완벽한 성능을 발휘하는 이 기계는 1개의 옷을 접는 데 15분 걸리고 가격은 1,700만 원을 한다면 과연 여러분은 사고 싶을까? 이 만화 같은 기계를 개발하던 일본기업이 있었다.

바로 2015년에 창업한 세븐 드리머즈 라보라토리즈이다. 파나소닉 등 대기업으로부터 100억 엔(한화 약 900억 원)의 투자를 받은 이 업체의 개발제품 '란드로이드'는 제대로된 상용제품도 출시하지 못한 채 2019년 결국 파산하였다. 많은 금액의 투자는 받았지만 시장의 반응을 제대로 파악하지 못한 채 성능향상에만 몰두한 란드로이드는 '조기 확장'의 대표적인 실패 사례로 지금까지도 일본의 스타트업 사이에서 오르내리고 있다.

지금까지 살펴본 스타트업 실패의 이유를 중복되는 순으로 정리해보면 아래와 같이 2가지로 나눌 수 있다.

실패 포인트 1: 고객이 아닌 팀 중심의 사업 아이디어 고도화. 고객 중심으로 사업 아이디어를 고도화하여 MVP를 통해 검증하고 성과지표를 확보해야 한다.

실패 포인트 2: 솔루션을 실행할 역량과 민첩성이 부족한 팀. 필요한 인력에 대해 네트워크를 구축해야 하며 시장 검증과 같은 우선순위 중심으로 사업을 추진해야 한다.

지금 우리가 하고 있는 일은 어떤지 되돌아보자.

우리는 위의 2가지 포인트와 얼마나 다르게 실천하고 있는지 확인하자. 그리고 지금보다 나은 방향으로 가기 위해 고객에게 더욱더 다가갈 수 있도록 사업을 '피봇팅'하자.

"성공은 이러한 과정 속에서 찾을 수 있는 '다이아몬드'이다."

 핵심 치트키 Check!

- 사업의 성공 요인은,
  ① 타겟 고객에 기반한 문제 도출과 솔루션 제시
  ② 경쟁시장과 타겟 고객에 대한 정보를 지속적으로 모으고 진행사업의 성과 지표를 분석
  ③ 이를 기반으로 민첩하게 사업 아이템을 고도화하여 고객성공을 제시

- 사업이 실패하는 원인은,
  ① 고객이 아닌 팀 중심으로 사업 아이디어를 고도화 시킨 경우
  ② 솔루션을 실행할 팀 역량과 민첩성이 부족한 경우

- 우리의 사업은 성공 요인과 실패 요인과 비교해서 어떤 부분이 같고, 어떤 부분이 부족한지 체크하고 개선해 나가자.

Part 3

사업 성장 MUST HAVE
(지원사업 & 투자유치)

사업계획서 꼭 필요한가요?

'내년 목표? 세상이 어떻게 변할지 모르는데 목표를 잡아놔서 무슨 소용이야? 되는대로 열심히 최선을 다해 사는 게 정답이야!'

무계획이 계획이라는 영화 《기생충》의 대사가 생각나지 않는가?

여러분은 계획을 세우며 살고 있는가? 내일 계획, 차주 계획, 다음 달 계획, 내년 계획, 3년 후 계획, 5년 후 계획….

컨설팅을 하면서 먼저 확인하는 것은 전년 운영 실적(매출, 손익, 비용 등), 올해 최근 3개월 실적, 그리고 대표의 희망 목표이다. 왜 목표가 필요할까?

1968년 로크(E.A.Locke)에 의해 제시된 '목표설정이론(goal setting theory)'에 따르면 목표가 실제 행위나 성과를 결정한다고 한다. 목표를 설정하게 되면 동기가 되어 목표한 방향으로 행동을 이끌게 된다. 또한 목표를 실현하기 위해 얼마나 많은 노력과 방법이 필요한지 인지하게 되어 목표를 달성하는 데 도움을 준다는 것이다. 그리고 실제 진행과 목표를 비교하며 향후 개선방법을 모색할 수 있다.

물론 목표가 허황된 것이라면 그건 목표가 아니라 '꿈'일 것이다.

목표가 제대로 그 능력을 발휘하기 위해서는 구체적이어야 한다. 구체적인 목표를 설정할 때는 반드시 SMART를 기억하자.

목표는 구체적이며(Specific), 측정 가능하게(Measurable), 달성 가능한 수준으로(Achievable), 현실적으로(Realistic), 언제까지 할 것인지 기한을 정해서(Time-bound) 설정해야 한다.

컨설팅 사례를 예로 들면, 커피전문점 창업을 준비하는 예비창업자 컨설팅에서 창업 후 6개월 내 매출, 비용, 손익에 대한 목표를 설정했다. 그러다 보면 그 매출을 달성하기 위한 매장에서의 준비, 마케팅 방법, 초기 고객을 어떻게 확보해야 할지 등등 챙겨야 할 일들을 줄줄이 나오게 된다. 이러한 것들을 하나씩 리스트업하고 언제까지 무엇을 하고 어떻게 진행할지를 계획을 세우는 것, 이게 목표이고 계획이다.

그 업체를 오픈하고 6개월여 지난 시점에서 방문했는데 정말 놀랍게도(어떻게 보면 당연하지만) 우리가 6개월 전에 설정한 그 목표 수준의 매출과 수익을 달성하고 있었다. 방문하여 다시 다음 6개월 후의 목표를 설정한 것은 당연한 수순이다.

물론 이런 질문을 생각할 수 있다. '정말 목표만 잘 세우면 그렇게 결과가 나오나요?' 이 질문에 대한 답으로 목표는 그 숫자를 가기 위해서 만드는 게 아니라고 얘기하고 싶다. 목표는 지금 이 시점에서 우리가 앞으로 다가올 시점, 예를 들면 6개월 후에 달성하고자 하는 수준이다. 그리고 그 수준을 가기 위해 지금부터 어떻게 해야 할지를 정하는 것이다. 이 목표를 갖고 있으면 3개월 정도가 지나면서 다시 점검을 하게 된다. 원래 계획에 비해서 어떤 부분을 잘하고 있고, 어떤 부분이 미약한지. 우린 그것을 파악하고 다시 계획을 수정하거나, 아니면 원래 계획을 가기 위해 더욱더 노력하게 될 것이다. 목표는 우리에게 가야 할 방향을 밝혀 주는 등대이자 북극성이다.

'이렇게 중요한 목표를, 그러면 어떻게 만들어야 하나요? 한 번도 계획을 세워보질 않아서…'

여러분들의 사업이 어떤 사업이든, 스타트업이든, 소상공인이든, 중소기업이든 상관없다. 만약 사업계획을 세워본 적이 없다면 먼저 창업진흥원의 '초기창업패키지 사업계획서'를 작성해 보기를 권한다. 혹시 독자가 예비창업자라면 '예비창업패키지 사업계획서'를 활용하면 된다. 창업진흥원의 '초기창업패키지'는 창업 3년 이내 기업에 대한 사업화 자금 지원 창업 프로그램이다. 이 지원사업에 신청하기 위해서 작성해야 하는 사업계획서는 PSST 방식으로 구성되어 있다.

문제인식 (Problem)	창업 아이템 배경 및 필요성
	창업 아이템 목표시장(고객) 설정 및 요구사항 분석
실현가능성 (Solution)	창업 아이템의 개발/개선 준비현황
	창업 아이템의 실현(개선/개발) 및 구체화 방안
성장전략 (Scale-up)	창업 아이템의 비즈니스모델 및 사업화 추진성과
	창업 아이템 시장진입 등 사업화 전략
	사업 추진 일정 및 자금 운용 계획
기업 구성 (Team)	기업구성 및 보유역량
	중장기적 ESG 경영 도입계획

우리의 사업을 고객이 누구인지(문제인식, Problem), 우리는 어떤 것에 차별성을 갖고 있는지(실현가능성, Solution), 앞으로 어떤 목표로 성장하고 그 성장 방법은 어떤 것인지(성장전략, Scale-up), 성장을 어떤 멤버, 어떤 네트워크를 구축하며 추진할 것인지(기업 구성, Team)에 대해 작성하는 방식으로 스타트업 사업계획서에 주로 활용되고 있다.

스타트업이 아니라 하더라도 우리가 지금까지 추진해 온 것들, 그리고 앞으로 이루고 싶은 목표와 그 방법에 대해 현재 기준으로 정리하고 실제 사업을 추진한다면 앞에서 예로 든 업체와 같이 목표를 이룰 수 있게 될 것이다.

처음 작성하는 것이 부담된다면 챗GPT, 뤼튼과 같은 AI 툴을 활용하여 사업계획서 작성 가이드를 받는 것도 도움이 될 것이다. 중요한 것은 지금 바로 시작하는 것이다.

핵심 치트키 Check!

- 실현 가능한 구체적인 목표는 우리에게 달성하고자 하는 동기와 힘을 준다.
- 우리의 목표를 스타트업 사업계획서 형태로 정리해 보자.
  ① 문제인식(Problem)
  ② 실현가능성(Solution)
  ③ 성장전략(Scale-up)
  ④ 기업 구성(Team)

우리도 지원사업 받을 수 있을까요?

'대표님, 이번에 정부 지원사업 신청하시려고 하는 이유가 어떻게 되세요?' '최근에 다른 업체들도 다들 지원사업 하나씩은 하고 있더라구요. 우리도 뭐 가능하지 않을까 해서요. 뭐 괜찮은 지원사업 없을까요?'

정말 지원사업을 찾아보면 많이 있다.

자영업이든, 스타트업이든, 중소기업이든 우리나라는 특히나 지원사업 천국이란 표현을 쓸 정도로 많다. 물론 코로나19 상황을 거치면서 다른 부분으로 세수 사용이 늘어나 지원사업이 줄어들고 있다는 이야기도 나오지만 그래도 할 수 있는 여지는 있다.

그럼 과연 정부 지원사업은 '공짜 치즈'일까?

지원사업 좀비기업 문제도 종종 뉴스에 나온다. 스스로 자립할 수 없는 상태임에도 개발사업과 같은 지원사업을 연이어 받아 생명을 이어가는 기업을 '좀비기업'이라고 한다.

여기에서 우리는 먼저 정부가 지원사업을 통해 기업들을 서포트하는 목적에 대해 이해할 필요가 있다. 정부는 지원을 통해 세수 확대, 고용, 수출과 같은 나라 경제에 도움이 되는 효과를 확대하는 것이 중요한 목적이다.

질문을 하나 해 보자.

질문: 정부 지원사업은 혜택을 받는 기업을 어떻게 뽑아야 할까?

1번. 지원사업의 혜택은 모든 기업에 동등하게 나눠줘야 한다.

2번. 잘하는 기업에 집중해서 지원해야 한다.

3번. 어려운 기업을 중심으로 나눠줘야 한다.

여러분의 생각은 몇 번인지 궁금하다.

지원사업은 불우이웃 돕기 같은 어려운 업체를 도와주는 것이 목적은 아니다. 물론 코로나19 지원금같이 일부 특수한 경우를 제외하고. 앞서 이야기한 정부의 지원사업 목적을 생각한다면 정답은 2번, 잘하는 기업에게 적극적으로 지원하는 것이다. 정부의 기본입장을 이해한다면 우리가 지원사업을 추진함에 있어 어떻게 준비해야 할지 이해가 될 것이다.

그럼 이제 정부 지원사업을 받기 위해 서류부터 챙겨봐야 한다.

'인도를 한 번도 안 가본 사람은 있지만 한 번만 간 사람은 없다'는 말이 있다. 이 말을 정부 지원사업과 연계해서 한다면 '지원금을 한 번도 안 받은 업체는 있지만 한 번만 받은 업체는 없다'가 되지 않을까?

부가세 과세표준증명원, 4대보험 가입자명부, 사업계획서 등등 처음 지원사업을 준비할 때는 기존에 들어보지 못한 서류들로 정말 앞이 깜깜할 것이다. 정부 지원자금을 받을 때 필요한 서류는 항상 비슷하기에 한번 서류를 준비해 놓으면 그다음엔 훨씬 쉬워진다.

가장 허들이 높다고 할 수 있는 사업계획서도 마찬가지이다. 아무것도 없는 상태에서 사업계획서를 정리하기란 힘든 일이지만, 한번 정리해둔 사업계획서는 변동사항이나 추가사항을 중심으로 업데이트하면서 활용할 수 있어 처음 이후부터는 큰 부담이 되지 않는다.

구분	창업/성장 지원	R&D 지원	일반지원사업
개요	사업아이템 개요	개발아이템 요약	개요, 기본정보
배경/문제점	문제인식	기술개발 개요 및 필요성	업종현황 (시장현황, 기업현황)
솔루션	실현가능성	기술개발 독창성 및 차별성 기술개발 최종목표	사업추진 계획 및 방법 최종 목표
시장/매출	성장전략	사업화 목표 사업화 계획	사업활성화, 홍보 계획 사후 사업계획 기대성과, 기대효과
기타	팀 구성 사업비	고용유지, 창출 계획 정보보안/ESG 등 계획 사업비	개인정보보호 관리방안 사업비

다양한 성격의 지원사업에서 요구하는 사업계획서는 표에서 보는 바와 같이 내용이 크게 다르지 않다. 따라서 제대로 된 사업계획서 하나를 만들어 놓고 지원사업별로 필요한 내용을 수정해서 활용하자.

서류가 준비되었다면 이제는 신청단계이다.

내게 맞는 정부 지원사업은 어떻게 찾을 수 있을까? 지원사업은 크게 정부, 그리고 각 지역의 지자체를 통해 운영되고 있다.

예비창업자나 7년 이내 스타트업이라면? 창업진흥원 사업을 먼저 확인해 보길 바란다.

소상공인이라면? 정부기관인 소상공인시장진흥공단, 그리고 지자체(서울신용보증재단 등) 사업을 보면 된다.

중소기업이라면? 먼저 중소벤처기업진흥공단 사업이나 해당 진흥원 지원사업부터 참고하면 좋겠다.

기술개발 지원을 필요로 한다면 중소기업기술정보진흥원의 기술개발 지원사업을 꼼꼼히 검토할 필요가 있다.

정부 지원사업은 대체적으로 연말·연초에 예산이 확정되고 2월 이후에 공고되는 경향을 보인다. 연초에 집중되어 있는 사업공고이지만 지원사업에 따라서는 연중 몇 차례에 걸쳐 모집하는 경우도 있다.

그렇다면 경쟁률은 언제가 가장 낮을까?

'일찍 일어나는 새가 벌레를 잡아먹는다'라는 말과 같이 연초 공고가 상대적으로 경쟁률이 낮은 경향을 보이고 있다. 가능한 미리미리 준비하고 신청하는 것이 팁이다.

마지막으로 정부 지원사업을 받으려면 각 지원사업별로 어떤 부분을 더 중점적으로 준비해야 할까?

앞서 이야기하였듯이 해당 지원사업별로 정부(또는 지자체)의 의도 파악을 하고 신청해야 한다. 그리고 단순 물품 지원은 최소화하고 신사업, 온라인시장 확대와 같은 성장할 수 있는 사업 분야로 사업계획을 구성할 필요가 있다.

컨설팅을 하다 보면 이러한 지원사업 정보가 너무 한정적으로 노출되고 있다는 이야기를 간혹 듣게 된다. 한편으로 사실이지만 또 한편으로는 지금과 같은 방법의 장점도 생각하게 된다. 지원사업 정보 노출이 너무 되어 마치 '선착순' 같아지면 진정 필요로 하는 업체에 기회가 돌아갈 가능성이 그만큼 줄어들기 때문이다.

지원사업의 취지에 맞게 정보를 잘 찾고, 정말 준비하고 노력하는, 그리고 그만큼 필요로 하는 우리와 같은 업체에게 돌아가는 것이 맞는 것이 아닐까 생각된다.

핵심 치트키 Check!

- 지원사업은 처음 준비하기 어렵지만, 사업계획서와 같은 서류들을 한번 준비해 놓으면 그다음부터는 쉽다.
- 각 사업 성격에 맞는 지원사업 주관기관을 찾아 지원사업 정보를 체크하고 지원하자.
- 주관기관의 지원사업 의도를 파악하고 이에 맞는 사업계획을 정리하고 제안하자.

사업계획서를 어떻게 써야 선정되나요?

　'컨설턴트님, 이번에 기술개발 지원사업에 도전해 보려고 하는데 사업계획서를 어디서부터 시작해야 할지 정말 막막하네요. 평가도 많이 하고 하시니 아예 맡아서 써주시면 안 될까요? 제가 넉넉하게 챙겨 드릴게요.'

　'…'

　이는 '제3자 개입금지' 위반에 해당하는 요청이다.

　물론 컨설턴트의 글은 이쁘다. 하지만 그 사업계획서에 땀 냄새(?)가 나지 않아 읽는 이(주로 평가위원)에게 감동을 줄 수 없다. 왜냐하면 현장의 구체적인 액션과 디테일한 내용이 거의 들어가 있지 않기 때문이다.

　따라서 지원사업을 제대로 활용하고 싶다면 절대 사업계획서를 전문가라고 하는 남의 손에 맡기지 말자. 그건 마치 내 인생의 목표를 남에게 맡기지 않는 것과 같다. 다만 내가 직접 작성한 사업계획서에 대한 피드백을 전문가에게 얻을 수는 있을 것이다. 그렇다면 이렇게 어려운 지원사업용 사업계획서를 어떻게 준비해야 하는 것일까?

◈ 지원사업에 꼭 챙겨야 할 5가지

첫째, 지원사업의 목적에 따라 작성 방법을 다르게 해야 한다.

정부 지원사업은 스타트업, 자영업, 중소기업 대상으로 나눠지고, 대출보증, 사업지원, 기술개발 등으로 다양한 대상과 목적, 용도로 나눠진다.

예를 들어 '공기청정기' 개발을 추진하는 기업이 있다고 하자. 과연 여러분들은 공기청정기 개발이 시장진입 가능성이 있다고 생각하는가? 기술 중심으로 이뤄진 심사위원인 경우 공기청정기는 이미 시장 포화된 레드오션으로 생각되어진다.

이에 비해 특수 장소에 적용 가능한 공기청정기로 MVP제품이 이미 해당 현장에 일부 설치되어 높은 반응을 얻고 있으며 새롭게 개발할 제품은 성능을 향상시킨 제품으로 납품 예정기관으로부터 '구매의향서 (LOI, Letter of Intent)'를 받은 상황이라면?

사업성 평가위원 입장에서는 충분한 시장진입 가능성이 있다고 판단할 수 있다. 따라서 지원사업별로 평가위원 구성 현황에 대한 이해를 통해 우리의 장점 요소를 적극적으로 표현할 수 있을 것이다. 일반적으로 기술개발 사업인 경우, 기술평가위원 비중이 상대적으로 높고 스타트업 지원사업은 사업성평가위원 비중이 높다.

둘째, 사업계획서는 앞으로 할 것이 아니라 지금까지 한 것을 기반으로 작성한다.

사업계획서라는 이름 때문에 앞으로 진행할 내용을 중심으로 작성하는 경우가 많은데, 앞으로 할 것만 쓰면 실현 가능성을 설명하는 데 한계가 있다. 따라서 우리가 지금까지 준비해 온 과정을 바탕으로 앞으로 추진할 계획을 설명하는 것이 효과적이다. 기존에 해 온 것을 기반으로 설명할 때 앞으로 추진할 계획을 할 수 있겠다는 신뢰를 전달할 수 있다.

이와 함께 앞으로 추진할 계획을 작성할 때 우리 회사 이름이 아니라 다른 회사 이름이 들어가도 되는 내용은 쓸 필요가 없다. 예를 들어 '인스타그램 등 SNS 채널을 활용해 온라인마케팅을 하겠다'는 내용은 우리가 아닌 다른 업체 이름이 들어가도 통한다. 구체성이 없는 사업계획은 제3자의 마음을 얻기 힘들다. 따라서 '현재 인스타그램을 통해 300개 콘텐츠 등록, 5천 명의 예비 타겟 고객 팔로워를 확보하고 있으며 이들과 ~~ 등 이벤트를 진행…' 이런 형태로 구체적인 내용을 담아서 우리의 계획을 구체적으로 설명하자.

셋째, 사업계획서는 근거를 기반으로 스토리텔링되게 작성하자.

우리만큼 우리의 사업, 기술에 대해 아는 전문가는 없다. 예를 들어 시장 규모를 추정할 때, 평가위원이 반나절 정도 생각해서 정리할 정도라면 사업화 가능성이 낮다고 생각하게 된다. 하지만 '페르미 추정'과 같은 논리적인 근거를 기반으로 구체적으로 가능성 있게 추정한다면 실제 시장 규모를 확인할 수 없는 상황에서 평가위원은 합리적인 시장 추정이라고 생각하게 될 것이다.

또한 사업계획서 전체적으로 스토리텔링되게 작성할 필요가 있다. 작성에 집중하다 보면 사업계획서 맨 앞 내용과 가운데, 마지막 내용이 따로 노는 경우가 있다. 앞에서는 '40대 여성'을 타겟으로 설명하고 뒤에서는 '20~40대 여성'을 타겟으로 작성하는 경우도 많다. 우리가 생각하는 타겟 고객, 고객의 문제, 솔루션, 개발 방법, 비즈니스모델, 시장 규모, 경쟁 서비스, 팀, 향후 목표, 사업비 예산이 서로 연결되게 작성하는 것이 우리의 계획을 설득력 있게 전달하는 방법이다.

넷째, 기술개발보다 시장진입 방법에 대해 집중하자.

사업계획서 평가를 하다 보면 전체 내용 중에 추진할 사업(또는 개발 아이템)에 대한 설명은 잘 되어 있는 경우가 많다. 하지만 거의 대부분의 업체가 쓰기 어려워하는 부분이 바로 시장진입 전략 파트이다. 즉, 시장진입 전략에서 사업계획서의 차이가 발생하고 승패가 결정 난다고 할 수 있다.

그리고 이해하지 못한 사업계획서는 좋은 평가를 얻을 수 없다. 실제 평가위원이 내용을 충분히 이해하지 못할 경우, 긍정적 평가를 하기 어렵다는 연구 결과가 있다. 따라서 사업계획서는 1시간 내외 짧은 시간에도 고등학생이 읽어서 내용을 이해할 수 있는 정도로 쉬운 표현으로 개발 기술과 시장진입 전략에 대해 설명하는 것이 중요하다.

다섯째, 사업계획서 발표에 모든 것을 걸어라.

서류심사를 통과하였다면 마지막 관문인 사업계획서 발표의 순간이다.

먼저 사업계획서 내용을 충분히 숙지하자. 가끔 사업계획서 탬플릿에 쓰여 있는 글을 그대로 읽는 경우가 있는데 이는 사업을 주도적으로 추진하는 사람이라는 신뢰감을 주기 어렵다. 또한 발표 화면과 대표를 번갈아 보게 되면서 평가위원이 집중력을 분산하게 되어 평가에 부정적 영향을 미치게 된다.

그리고 질의응답 시간의 예상 질문을 만들어서 미리 대응하는 것 또한 도움이 될 것이다. 간혹 질문에 대해 오래 답변하는 경우가 있는데 그렇게 되면 한정된 시간 관계상 다른 평가위원의 질문을 받지 못하게 된다. 궁금한 점이 있는데 답을 듣지 못했다면 그 평가위원의 평가는 낮아질 수밖에 없다. 짧은 시간 안에 명확하게 답변하는 것이 좋다. 취약점을 질문받게 될 경우, 장황하게 설명하는 경우가 있다. 절대적으로 불리해진다. 실수한 부분을 솔직하게 인정하는 것이 오히려 긍정적인 평가를 부른다.

이제 발표의 시간이 끝났다. 마지막은 '읍소'다.

우리에게 있어 이 사업이 얼마나 중요한지, 우리가 이를 위해 얼마나 노력해왔는지, 우리가 앞으로 이 사업을 얼마나 잘할 자신이 있는지 감정적으로 전달하자. 평가위원도 사람이다. 우리의 진정성 있는 읍소는 그들에게 전달될 것이다.

우리가 앞으로 사업을 진행하면서 지원사업은 같이 가는 파트너와도 같다. 가는 과정에서 필요할 때 손을 내밀고 함께 가는 파트너.

그렇기에 처음 시작부터 우리는 하나씩 우리 손으로 준비할 필요가 있다.

1억 원의 지원사업이 있다고 하자. 이 돈을 우리가 사업을 통해 얻는다면 얼마나 매출을 더 해야 할까? 아마도 수익률 10%를 계산한다면

10억 원 이상 매출이 필요하다. 1억 원 지원사업에 충분한 시간과 노력을 쏟아부을 이유이기도 하다.

진행하면서 어려운 것은 우리가 가진 네트워크를 활용하고 전문가의 도움도 받아보자. 하지만 그 중심에는 우리가 있어야 한다.

우리의 고객을 생각하듯, 지원사업의 운영 주체인 정부, 지자체의 니즈를 생각하자. 서로가 윈윈할 때 비로소 지원사업은 빛을 발할 것이다. 이렇게 준비가 된다면 적어도 발표의 기회가 주어지는 수준에는 도달할 것이다. 선정되는 그 순간까지 집중하고 도전하자.

핵심 치트키 Check!

- 지원사업 사업계획서는 우리가 직접 써서 우리의 노력과 의지를 보여줄 수 있도록 하자.
- 지원사업 사업계획서 작성 시 꼭 챙겨야 할 것
  ① 지원사업 목적에 따라 작성해야 한다.
  ② 지금까지 한 것을 바탕으로 앞으로 할 것을 작성하자.
  ③ 사업계획서는 앞뒤가 맞게 근거 있게 스토리텔링되게 작성하자.
  ④ 사업 아이템보다 타겟 고객의 니즈, 시장진입 방법에 대해 구체적으로 작성하자.
  ⑤ 사업계획서 발표할 때는 진심을 담아 호소하자.

투자받는데 노력 말고 필요한 것이 있나요?

투자받는데 노력 말고 필요한 것이 있나요?

'도대체 투자자들은 어디에서 만날 수 있어요? 다들 투자도 잘만 받던데 전 눈을 씻고 봐도 찾을 수가 없으니…'

여러분이 엄청난 노력을 통해 투자를 받을 필요가 있고 또 받을만한 수준에 올랐다면 투자자를 찾는 것은 무엇보다 중요한 일이 될 것이다. 노력은 지금까지를 증명하고 사업의 가능성을 확인시켜주는 것이라면 투자는 지금까지의 노력을 부스트업(boost up)하고 다음 단계로 성장할 기회를 제공한다.

그리고 처음부터 투자자를 찾아 헤맬 필요는 없지만, 투자 시점을 놓치게 되면 우리에겐 자금 고갈(Cash Burn)이라고 하는 사업의 생명에 위협을 맞이하게 된다. 따라서 번 레이트(Burn Rate, 경비지출 속도)를 계산하고 사전에 투자를 확보해야 하는 것이다.

그렇다면 과연 투자자는 어떻게 찾을 수 있을까?

투자자를 찾는 방법은 다들 알다시피 3가지 루트가 있다.

첫 번째, 내가 찾아가는 방법과 두 번째, 이미 투자받은 사람이 나를 투자자에게 추천하는 방법, 세 번째는 투자자가 나를 찾는 방법이 있다.

이 중에서 어떤 방법이 가장 투자받기 좋을까?

세 번째도 괜찮은 방법이지만 투자 가능성을 본다면 두 번째가 최고의 루트이다. 왜냐하면 투자받은 업체가 여러분을 투자자에게 추천한다는 것은 투자자로부터 추천을 요청받았을 가능성이 높다. 이미 그 업체에 투자하였고, 또한 그 업체의 성장성에 만족한 투자자가 유사한 업체 중에 투자할 만한 곳을 추천해달라는 이야기가 있었기에 여러분을 투자자에게 추천하는 것이기 때문이다. 내가 직접 검색해서 메일을 보내고 전화를 하고 미팅을 하더라도 투자에 이르기까지는 많은 실패의 시간들이 있게 된다. 또한 투자자가 직접 여러분을 찾아왔다면? 여러분의 업체가 이미 매스컴을 타거나 멋진 실적을 내고 있는 상황이 아니라면 그 투자자가 여러분을 굳이 찾아서 온 이유와 그들의 기존 투자기업에 대해 먼저 확인할 필요가 있다. 그렇다면 2번 방법을 활용하기 위해서 나는 무엇을 먼저 해야 할까?

우리는 사업에 있어 네트워크의 중요성을 이미 알고 있다.[40] 그 3가지인 사내/전문가/개인 네트워크 중 전문가 네트워크가 바로 그것이다. 동종업계 또는 관련 업계 경영자들과 서로의 사업에 대한 정보를 공유하고 조언을 나누는 과정에서 우리는 든든한 우군을 확보할 수 있게 된다. 사업 운영에 큰 힘이 되는 아이디어를 얻기도 하고 같이 협력하

---

40) 성공 알고리즘 45. 사업은 혼자서도 할 수 있나요?

거나 도움받을 수 있는 업체를 소개받는 경우도 많다. 그중 하나가 바로 '투자자 소개'가 될 수 있다.

만약 지금 그러한 경영자를 만날 기회를 갖지 못하고 있고 어디에서 만나야 할지도 모르겠다면 우선 각 지자체나 창업진흥원에서 운영하는 교육 프로그램에 오프라인으로 참석해보는 것도 좋은 방법이다. 각 교육 프로그램에는 우리와 비슷한 처음 사업을 하거나 새로운 정보를 필요로 하는 사람들을 만나기 쉬울 것이다. 물론 처음 시작하는 사람들의 경우 지금 해놓은 결과가 적어 당장 무언가 서로에게 도움 되는 것을 찾기는 어려울 것이다. 하지만 그들 중 성장하는 이들은 그 시간이 6개월도 걸리지 않는다.

성장의 시간은 우리가 '미친 듯이' 일을 추진한다면 우리가 생각하는 것보다 언제나 빨리 다가온다. 또한 교육 프로그램을 진행하는 강사와 기관 담당자 역시도 여러분의 든든한 후원자가 될 수 있다.

저자 역시도 비즈니스모델이나 마케팅과 관련해서 강의를 하는 경우가 있지만 컨설턴트이기도 하며 또한 엔젤투자자로 활동하고 있다. 여러분이 만나는 강사가 또 다른 장소에서는 지원사업의 평가위원일 수 있고 또 다른 장면에서는 투자자의 얼굴을 하고 있을지도 모른다. 왜냐하면 우리가 있는 세상은 어느 세상이든 다 좁다. 여기서 보던 사람을 다른 곳에서도 만나게 된다. 따라서 새로운 만남의 인연을 소중하게 생각하고 서로에게 도움 되는 것을 내가 갖고 있다면 나누고 또 도움을 받아보자.

또 하나, 투자유치에 있어 중요한 점은 처음 투자를 받는 투자자와의 관계 역시 계속된다는 것이다.

투자는 돈만 오가는 것이 아니다. 투자자와 경영자 간의 관계를 만드는 것이다. 따라서 투자자는 투자와 동시에 우리의 적극적인 우군이 될 것이고 우리의 사업이 성장할 수 있도록 컨설팅과 제안을 하게 된다. 이러한 부분이 경영자 측면에서는 사업에 대한 간섭으로 여겨질 수도 있다. 이를 예방하는 방법은 투자를 받을 때 '돈'이 아닌 '투자자'를 보라는 것이다. 투자자가 기존에 어떤 업체를 투자했고 어떻게 성장을 도왔는지, 그리고 우리에게 있어 '돈' 이외에 어떤 부분에 도움을 받고 우리는 투자자에게 희망을 제시할 수 있을지 생각하고 비교해서 투자를 유치할 필요가 있다.

물론 투자자를 비교할 정도로 인기가 있지 않아서 눈앞에 있는 투자자를 잡아야 하는 상황일 수도 있다. 하지만 우리가 누군가와 사귀고자 할 때 눈앞에 있는 아무하고 사귀는 것은 아닐 것이다. 하나의 기업이 투자자를 만난다는 것은 바로 이와 같은 관계를 만드는 일이다. 앞으로 적어도 3년에서 5년은 같이 가야 할 상대, 그들이 바로 투자자이다.

핵심 치트키 Check!

- 투자자를 찾는 방법
  ① 내가 직접 찾아 제시하는 방법.
  ② 이미 투자받은 사람이 우리팀을 투자자에게 추천하는 방법.
  ③ 투자자가 직접 우리팀을 찾아 투자를 제안하는 방법.

- 역량있는 투자자에게 투자받기 위해서는 관련업계 네트워크를 통해 우수업체와 관계를 갖자.

- 투자유치는 돈만 얻는 것이 아니다. 적어도 3~5년간 같은 목표를 향해 서로 도움을 주고받는 파트너를 얻는 것이다.

투자자들은 어떤 부분을 중점적으로 보나요?

'컨설턴트님, 투자자들은 투자할 때 IR사업계획서의 어떤 걸 주로 보나요? 투자유치를 준비하고 있는데, 몇 군데 찾아가 봐도 반응이 별로인 거 같아서요.' '그러시군요. 혹시 대표님이 투자를 하신다면 어떤 부분을 가장 중점적으로 보실 것 같으세요?'

'저요? 사업 아이템이나 시장성 그런 거를 많이 보지 않을까요?'

투자자는 투자할 때부터 엑싯을 생각한다. 정확하게 이야기하면 얼마나 큰 수익을 얻을 수 있는지에 대해 관심이 있다는 것이다. 그런 측면에서 저자 역시도 엔젤투자자이지만 '엔젤'투자라는 표현이 정확한가 하는 생각을 하게 된다. 투자와 동시에 회수를 생각한다면 말만 엔젤이지 않을까?

우리나라의 경우, 해외 다른 나라와 비교해서 상대적으로 정부 주도의 스타트업 활성화 시스템이라고 할 수 있다. 이로 인해 예비창업자들의 경우, 창업진흥원의 예비창업패키지를 시작으로, 창업 후에는 초기창업패키지, 창업 3년 이상인 경우에는 창업도약 패키지에 R&D 지원사업 등을 주요 목표로 사업계획서 작성에 심혈을 기울이는 추세이기도 하다. 이러한 지원자금은 1차적으로 정부 출연자금이다. 저자도 참여하고 있는 엔젤투자조합이나 벤처캐피탈보다는 상대적으로 진입장벽이 낮은 투자처라고 할 수 있다.

5천만 원 내외로 정부지원자금 규모 수준인 엔젤투자 정도의 단계에서도 투자조합원들은 눈에 불을 켜고 스타트업의 IR에 날카로운 질문들을 쏟아 낸다. 스타트업 대표 입장에서는 잘 알지도 못하면서 왜 그렇게 추궁하듯이 물어보지? 라고 생각할 정도이겠다.

투자조합원들이 그러는 이유는? 바로 투자금이 조합원들이 그간 모아온 금쪽같은 돈이기 때문이다.

여기에서 우리는 스타트업이 바라보는 '투자'와 투자자가 바라보는 '투자'가 어떻게 다른지에 대해서 생각해 봐야 한다. 투자자의 입장을 이해하고 공감할 필요가 있다는 것이다. 스타트업은 린스타트업 프로세스에서 타겟 고객 문제정의를 통한 아이디어 고도화와 MVP측정이 얼마나 중요한지, 디자인씽킹에서 타겟 고객에 대한 공감(empathize)이 얼마나 필요한지 잘 알고 있다.

"창업자들이 투자자에게 판매하는 것은 회사의 지분이다[41]"라고 하는 것은 다시 말해서 투자자는 타겟 고객을 뜻한다고 할 수 있다.

즉, "모든 투자자는 이윤을 추구한다".[42] 저자 같은 엔젤투자자 역시 스타트업 성공을 위한 마중물로 든든한 지원자의 마음과 동시에 내 돈을 10배로 불릴 수 있는 성장성 있는 스타트업을 찾는 투자자 마음이

---

41) 『스타트업 펀딩의 기술』, 알레한드로 크레마데스, e비즈북스, 2017.
42) 『스타트업 펀드레이징 전략』, 서리빈 외, 2019. KYI(Know Your Investor)원칙 참조.

라는 것을 스타트업은 파악하고 있어야겠다.

다시 말해 투자유치를 희망한다면, 우선 타겟 투자자를 설정하고, 그들의 이와 같은 니즈를 파악한 후, 페인 포인트(pain-point)를 해결할 수 있는 솔루션을 제시해야 한다.

투자자들은 절대로 원하지 않는 결과인 손실, 그리고 스타트업의 호구가 되는 것을 방지하기 위해 가능성 있는 스타트업을 만나더라도 바로 투자하는 경우는 매우 드물다. 적어도 3개월은 지켜보려고 할 것이다. 그동안, 스타트업이 제시한 사업계획서가 그 짧은 3개월여 동안 얼마나 진전되는지를 보여준다면 투자의 가능성은 상당히 높이 올라갈 것이다. 바로 실행력과 팀 역량을 증명한 것이니까 말이다.

왜 10배 이상 성장할 스타트업을 원할까?

투자한 10개 스타트업 중에 성공하는 기업이 1, 2개 업체도 어려운 엔젤투자의 경우에는 살아남아 성공하는 스타트업이 적어도 5~10배 이상의 성장을 이뤄야만 전체 투자조합 출자금 원금 수준을 확보한다고 할 수 있다. 즉, 여러분의 사업계획서와 지금까지의 사업 활동이 3년 이내에 10배 이상의 성장을 투자자들이 기대하게 할 수 있어야 한다는 뜻이다.

위의 두 가지를 IR, 그리고 투자를 검토하는 3개월간에 증명한다면 여러분은 원하는 투자자로부터 투자를 받을 수 있을 것이다. 저자 역시, 엔젤투자자의 한 사람으로 투자를 한 스타트업은 한배를 탄 것과 같은 마음이다. 투자자는 투자를 한 그 순간, 여러분의 든든한 지원자가 될 것이다.

밤낮으로 성공을 위한 고난의 여정 속에서 워라벨도 포기하고 분투하는 자영업, 스타트업, 중소기업 대표 여러분!

위의 내용을 마음에 담아두고 IR을 준비해서 성공적인 투자유치로 이어지기를, 그리고 그 투자를 시작으로 여러분의 스타트업 성공의 여정에 든든한 투자자들을 후원자로 삼아 함께 비즈니스모델을 피벗(pivot)하고 부스트업(boost up) 할 수 있기를 기원하고 또 응원한다.

경영컨설턴트, 멘토 또는 투자자로서 성장과 새로운 가치 제안의 가능성을 가진 멋진 팀을 만날 수 있다는 기대감으로 오늘도 설레는 하루다.

핵심 치트키 Check!

- 투자자의 입장에서 중요한 것이 무엇인지 생각하고 투자유치전략을 만들자.
  ① 투자자는 엑싯을 통한 이윤을 추구한다.
  ② 투자자는 성장하는 기업을 원한다.
  ③ 투자자는 성장계획을 실행할 역량과 실행력을 가진 팀을 원한다.

성공으로 향하는 길 옆에서

"나무를 베는데 6시간이 주어진다면, 나는 4시간을 도끼날을 가는
데 쓸 것이다"

*"Give me six hours to chop down a tree and I will spend the
first four sharpening the ax."*

– 에이브러햄 링컨

  무뎌진 날로 나무를 내려치는 나무꾼이 아니라, 날카로운 도끼를 가
지고 열심히 나무를 치는 나무꾼이 되길 바라는 마음입니다. '나무 패
기도 바쁜데 도끼날 갈 시간이 어디 있냐?'가 아닌, 나무를 팰 때 무엇
이 필요한지, 그리고 지금의 나는 어떻게 하고 있는지 나를 스스로 돌
아보는 '메타인지'의 시간이 되길 바랍니다. 메타인지란 '어떤 특정한 문
제를 해결하기 위해 먼저 문제에 대하여 인식하고 문제 해결의 목적 또
는 목표에 따라 해결 과정에서 자신을 모니터링하고 조정하는 과정'을
뜻합니다.

여러분이 추진하는 비즈니스의 중요한 순간, 이 책을 읽는 시간이 지금의 나를 객관적으로 바라보고 도끼날을 예리하게 가는 소중한 기회로 활용되기를 소망합니다. 지금 사업을 하고 있는 여러분 모두에게 '성공한 사업가'의 가능성을 갖고 있다고 믿으며 이 책이 그 길을 가는데 마일스톤이 되었으면 합니다. 혹시 지금 험준한 산을 오르는 것같이 힘든 사업의 위기를 겪고 있거나, 길을 잃은 것 같은 느낌이 들 때, 아니면 열심히 한다고 하는데 생각만큼 결과가 나오지 않는다는 생각이 드는 대표님 곁에 이 책이 있어 길을 밝히고 힘을 얻을 수 있는 맑고 시원한 신속 악수이길 바라는 마음입니다.

　자신의 비즈니스에서 도전하고 성장하는 여러분과 또 다른 비즈니스 현장에서, 컨설팅 현장에서, 성공의 기쁨을 나누는 순간에 함께 만날 수 있기를 기대하면서 글을 마치고자 합니다.

　자, 지금보다 더 멋진 세상을 위해, 다시 한번 힘을 내고 출발합시다!

세의영컨설팅 경영지도사

안수영

마케팅컨설팅 사례를 통한 창업 기술

성공 창업 알고리즘

초판 1쇄   2024년 7월 15일

지은이   안수영
발행인   김재홍
교정/교열   김혜린
디자인   박효은
마케팅   이연실

발행처   도서출판지식공감
등록번호   제2019-000164호
주소   서울특별시 영등포구 경인로82길 3-4 센터플러스 1117호(문래동1가)
전화   02-3141-2700
팩스   02-322-3089
홈페이지   www.bookdaum.com
이메일   jisikwon@naver.com

가격   19,900원
ISBN   979-11-5622-886-8 13320